2016年北京市文物局业务人员科研成果出版项目
北京市文物局科研丛书

博物馆微生物检测与防治

武望婷 著

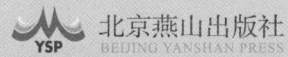

目　录

上篇　微生物的统计及鉴定

第一章　博物馆空气微生物统计鉴定的意义和方法 ⋯⋯⋯⋯⋯⋯⋯⋯ 3
 1　空气微生物学的性质、定义及任务 ⋯⋯⋯⋯⋯⋯⋯⋯⋯⋯⋯⋯ 4
 2　微生物鉴定的意义和方法 ⋯⋯⋯⋯⋯⋯⋯⋯⋯⋯⋯⋯⋯⋯⋯⋯ 5
  2.1　细菌鉴定意义及鉴定方法 ⋯⋯⋯⋯⋯⋯⋯⋯⋯⋯⋯⋯⋯⋯ 5
  2.2　真菌鉴定意义及鉴定方法 ⋯⋯⋯⋯⋯⋯⋯⋯⋯⋯⋯⋯⋯⋯ 7
 3　有害微生物对文物的危害机理 ⋯⋯⋯⋯⋯⋯⋯⋯⋯⋯⋯⋯⋯⋯ 8
  3.1　有害微生物对纤维类（棉、麻、纸、木）文物的危害机理 ⋯ 9
  3.2　微生物对蛋白质文物（丝、毛、皮革类）材料的破坏 ⋯⋯ 11
  3.3　微生物对金属文物的影响 ⋯⋯⋯⋯⋯⋯⋯⋯⋯⋯⋯⋯⋯⋯ 12
 4　空气微生物的检测概述 ⋯⋯⋯⋯⋯⋯⋯⋯⋯⋯⋯⋯⋯⋯⋯⋯⋯ 13
  4.1　沉降平板法 ⋯⋯⋯⋯⋯⋯⋯⋯⋯⋯⋯⋯⋯⋯⋯⋯⋯⋯⋯⋯ 14
  4.2　液体撞击法 ⋯⋯⋯⋯⋯⋯⋯⋯⋯⋯⋯⋯⋯⋯⋯⋯⋯⋯⋯⋯ 14
  4.3　撞击平板法 ⋯⋯⋯⋯⋯⋯⋯⋯⋯⋯⋯⋯⋯⋯⋯⋯⋯⋯⋯⋯ 14
  4.4　滤膜法 ⋯⋯⋯⋯⋯⋯⋯⋯⋯⋯⋯⋯⋯⋯⋯⋯⋯⋯⋯⋯⋯⋯ 14
 5　结论 ⋯⋯⋯⋯⋯⋯⋯⋯⋯⋯⋯⋯⋯⋯⋯⋯⋯⋯⋯⋯⋯⋯⋯⋯⋯ 15

第二章 首都博物馆内空气微生物种属调查 …… 18
- 1 实验材料和方法 …… 18
  - 1.1 仪器及材料 …… 18
  - 1.2 采样时间和地点 …… 19
  - 1.3 采样方法和培养方法 …… 19
  - 1.4 微生物鉴定方法 …… 20
- 2 结果与讨论 …… 20
  - 2.1 空气微生物群落变化特征 …… 20
  - 2.2 空气微生物优势菌群的鉴定 …… 22
- 3 结论 …… 27

第三章 首都博物馆室内真菌的分离鉴定及核糖体 DNA – ITS 序列分析 …… 29
- 1 材料与方法 …… 29
  - 1.1 实验材料 …… 29
  - 1.2 实验方法 …… 30
- 2 结果与讨论 …… 33
  - 2.1 筛选分离纯化结果 …… 33
  - 2.2 真菌的培养性状及形态特征描述 …… 33
  - 2.3 生长温度范围和生长速率的测定 …… 34
  - 2.4 分子生物学鉴定结果 …… 34
  - 2.5 序列的同源性比较和聚类分析 …… 37
- 3 结论 …… 38

第四章 首都博物馆空气细菌的分离鉴定及在文物保护中的意义 …… 40
- 1 实验材料 …… 40
- 2 实验方法 …… 40
  - 2.1 空气采样 …… 40

2.2　细菌分离培养及菌种保存…………………………………… 41
　　2.3　形态学鉴定…………………………………………………… 41
　　2.4　生理生化鉴定………………………………………………… 41
　　2.5　分子生物学方法鉴定………………………………………… 43
　3　结果与讨论……………………………………………………… 43
　　3.1　形态学鉴定…………………………………………………… 43
　　3.2　生理生化鉴定………………………………………………… 48
　　3.3　分子生物学方法鉴定分离菌株……………………………… 50
　　3.4　菌株鉴定在文物保护中的应用……………………………… 50
　4　结论……………………………………………………………… 50

第五章　文物上霉菌的分离及分子生物学鉴定……………………… 52
　1　材料与方法……………………………………………………… 52
　　1.1　实验材料……………………………………………………… 52
　　1.2　实验方法……………………………………………………… 53
　2　结果与讨论……………………………………………………… 54
　　2.1　筛选分离纯化结果…………………………………………… 54
　　2.2　霉菌的培养性状及形态特征描述…………………………… 54
　　2.3　分子生物学鉴定结果………………………………………… 56
　　2.4　序列的同源性比较和聚类分析……………………………… 56
　　2.5　生长温度范围和生长速率的测定…………………………… 58
　3　结论……………………………………………………………… 58

下篇　微生物的防治

第六章　文物保护中的防霉及防霉剂的应用………………………… 63
　1　霉菌的产生及危害性…………………………………………… 63

  2 霉菌的防治办法…………………………………………………… 63
    2.1 环境控制防霉 …………………………………………… 64
    2.2 杀菌防霉剂治理 ………………………………………… 64
  3 文物保护中防霉工作展望 ………………………………………… 76

第七章　新型防霉剂 CM-1 在丝织品保护中的应用研究 ………… 78
  1 实验材料和方法 …………………………………………………… 79
    1.1 丝绸样品 ………………………………………………… 79
    1.2 仪器及试剂 ……………………………………………… 79
    1.3 抑菌实验 ………………………………………………… 79
    1.4 防霉剂的安全性实验 …………………………………… 80
    1.5 安全性实验测试方法 …………………………………… 80
  2 实验结果与讨论 …………………………………………………… 81
    2.1 防霉剂 CM-1 的抑菌实验 ……………………………… 81
    2.2 防霉剂 CM-1 对老化丝织品颜色的影响 ……………… 82
    2.3 防霉剂 CM-1 对老化丝织品化学结构的影响 ………… 84
    2.4 防霉剂 CM-1 对老化丝织品物理结构的影响 ………… 86
    2.5 防霉剂 CM-1 对老化丝织品表面形貌的影响 ………… 87
    2.6 防霉剂 CM-1 对老化丝织品强度的影响 ……………… 88
  3 结论 ………………………………………………………………… 89

第八章　细菌的防治 …………………………………………………… 100

第九章　中草药防霉剂的提取和抑菌实验 ………………………… 103
  1 实验材料 …………………………………………………………… 103
    1.1 供试药材 ………………………………………………… 103
    1.2 供试菌种 ………………………………………………… 104
    1.3 仪器与试剂 ……………………………………………… 104

 2　实验方法 …………………………………………………………… 104
  2.1　中草药提取液制备 ……………………………………… 104
  2.2　菌悬液的制备 …………………………………………… 104
  2.3　牛津杯法测定抑菌效果 ………………………………… 105
 3　结果与分析 ………………………………………………………… 105
  3.1　中草药提取液对常见真菌的抑菌作用 ………………… 105

第十章　文物除尘剂的应用研究 ……………………………………… 111
 1　实验仪器与材料 …………………………………………………… 112
  1.1　实验材料 ………………………………………………… 112
  1.2　实验过程 ………………………………………………… 112
  1.3　测试曲线 ………………………………………………… 113
  1.4　菌落计数 ………………………………………………… 113
 2　结果与分析 ………………………………………………………… 114
  2.1　浓度对面团黏性的影响 ………………………………… 114
  2.2　菌落计数结果 …………………………………………… 117
 3　结论 ………………………………………………………………… 118

上篇

微生物的统计及鉴定

第一章 博物馆空气微生物统计鉴定的意义和方法

空气微生物是指空气细菌、真菌和放线菌等有生命的活体，是生态系统重要的生物组成部分，也是大气污染物之一。自1861年巴斯德首次发现空气微生物、1881年柯赫用沉降法（平皿暴露）培养出空气微生物至今已近150年的时间[1,2]。随着科技的进步及人类认识水平的提高，空气微生物的研究得到了长足发展。空气微生物往往吸附在悬浮颗粒物上，随风飘荡，可引起空气污染和空气疾病的传播以及人类和动植物某些疾病的发生与传播[3-5]。空气微生物的数量分布有很大的变化[6]。空气微生物的浓度和种属在很大程度上影响着空气的质量。博物馆集旅游参观、购物、休闲、娱乐、餐饮、文物存放展览为一体，功能较为复杂。如果把一座城市比作一个大家庭、一所大房子，那么该城市的地质性博物馆就是城市的客厅或书房，是观众休息或智力充电的地方，要求舒适、安静、空气好，能给人心旷神怡的感觉。另外馆内展览区的观众年龄不一，身体状况不同。因此，博物馆应该营造一个舒适健康的环境，不仅保护公众健康，而且有利于文物保存。治病需先知病因，据统计，现在已知的细菌不到自然界细菌总数的1%，已知真菌不到自然界真菌总数的5%，这表明还有成千上万的微生物种类有待进一步确认和开发[7]，因此采用微生物学方法对博物馆内空气微生物进行统计和鉴定，对了解馆内空气污染现状，防止呼吸道疾病的传播，保护观众、工作人员身体健康和文物安全具有重要的现实意义[8]。

1　空气微生物学的性质、定义及任务

空气微生物学是一门新兴交叉学科，是生物学、生态学、微生物学和空气生物学的一个分支。

定义：是研究空气中微生物活动规律的科学，研究空气微生物的产生、散播、侵入与感染及对其进行监控规律的科学。

任务：揭示空气微生物的活动规律，寻求控制空气污染及感染的措施，改善人类生存环境，创造可持续发展的生产条件。

特性：气溶胶是固态或液态微粒悬浮在气体介质中的分散体系。

介质	微粒		
	气体	液体	固体
气体	混合气体	雾（气溶胶）	烟、尘（气溶胶）
液态	泡沫	乳液	悬液或溶液
固体	多孔物质	水晶石	矿物、合金

微生物气溶胶：悬浮于空气中的微生物所形成的胶体体系。包括分散相的微生物粒子和连续相的空气介质，是双相的。微生物喷洒到空气中就是微生物气溶胶。在研究空气微生物时，对包围它的空气同时进行研究。

空气微生物：悬浮于空气中的微生物，不包括空气介质，因而是单相的。

微生物气溶胶的特殊性如下：

①来源的多样性：土壤、水、大气、动物、植物、人体。

②种类的多样性：大气中有多少微生物就能形成多少气溶胶。

③活性的易变性：微生物气溶胶的活性从它形成的瞬间开始就处于不稳定状态。

④散播的三维性：微生物气溶胶产生后，向四周散播到一切空气可以达到的环境中去。

⑤沉积的再生性：各种机械作用都可使沉积在物体表面的微生物气溶

胶粒子再扬起，产生再生气溶胶。微生物气溶胶的再生性使感染具有了长久性。

⑥感染的广泛性：微生物气溶胶可以通过黏膜、皮肤损伤、消化及呼吸道侵入机体，但主要是通过呼吸道感染机体。呼吸道的易感性，还有人类接触微生物气溶胶的密切性与频繁性，都决定着感染的广泛性。影响空气微生物感染的因素有粒子大小、粒子的浓度、粒子的活性和机体抵抗力。

2　微生物鉴定的意义和方法

2.1　细菌鉴定意义及鉴定方法

微生物悬浮于空气中可形成各种各样的微生物气溶胶，而且种类繁多，分布十分广泛，与人类关系密切，对其生命活动有着直接的影响。据统计，目前世界上有41种主要传染病，其中通过空气传播的就有14种，占传染途径首位。与人类有关的许多重要传染病，如流感、流脑、肺结核、麻疹、天花、风疹、猩红热、白喉、百日咳、吸入性炭疽、肺鼠疫、肺支原体病和其他各种急性呼吸道感染都是经由悬浮在空气中的致病微生物传染的。为了查明首都博物馆中微生物、特别是致病微生物在空气中存在的状况和种类，以及它们是否对馆内工作人员和游客的身心健康及馆藏文物安全造成危害，就需要有广泛的、可靠的调查数据。

形态学鉴定从三个方面进行：固体培养形态、显微形态和染色。固体培养形态包括细菌的颜色、透明度、高度（即厚度）、湿润程度等，显微形态包括形状、排列方式及细菌大小。染色，可以将细菌分为革兰氏阴性菌和革兰氏阳性菌两大类，这两类细菌在细胞结构、成分、形态、生理、生化、遗传、免疫、药敏性等方面都呈现明显的差异，可为分类鉴定提供不少的信息，使鉴定工作简化。

由于各种细菌具有不同的酶系统，使得它们能利用不同的底物，或虽然利用相同的底物，却产生不同的代谢产物，而且细菌的很多生理生化特征是比较稳定的，因此各种生理生化反应已成为细菌分类鉴定的重要依据之一。特别是对于大多数细菌的属与属以下的分类单元来说，形态特征的差别是十分有限的,所以,生理生化特征就具有更为普遍的分类学意义。同时,细菌产生的各种代谢产物,如各种酶、有机酸、色素、代谢产物等都会对文物造成损害和污染,根据生理生化实验鉴定结果,既可以确定鉴定菌株的生长代谢特性,又为文物保护提供相应的对策。

文物保护以往对微生物的鉴定主要以形态学特征为依据[9,10],但由于微生物种类多,而且多数形态学特征不稳定,有些种具有形态可变性或交叉性,有些缺乏某些重要的分类特征,这些情况都会增加形态分类鉴定的难度。为了提高科学性与准确性,一些新的技术应用于微生物的鉴定、分类与系统研究[11-13]。核糖体 DNA 研究是目前研究菌物 DNA 序列的重点,表现出广泛的序列多态性,在不同的分类水平上都具有各自的特异分子标记,不仅能够正确定义生物在"种"水平上的概念,而且能够鉴定近缘物种间的亲缘关系,已成为分类鉴定的重要手段。

国内外学者在不同环境中的研究结果表明:不同功能区空气细菌的类型是革兰氏阳性菌多于阴性菌[14,15],这与我们之前对首都博物馆空气细菌的研究结果一致[16]。首都博物馆内环境是一个相对密闭的系统,但是每天人员的进出也能够带来大量的微生物种类,包括微球菌属、芽孢杆菌属、假单胞菌属,它们大多为条件致病菌,这些菌株在正常条件下不会引起传染类疾病的发生。细菌的代谢产物会对文物、尤其是有机质文物造成难以弥补的损害。细菌的形态会影响到文物的品质,根据形态学鉴定,多数细菌生长繁殖后都会产生色素,表现为不同颜色,另外细菌的透明度、高度(即厚度)、湿润情况对文物、尤其是有机质类或表面带有纹饰的金属类文物都有不同程度的影响。细菌本身的颜色会影响到这些文物的科学、历史和艺术价值。湿润程度高会增加含水量,加速有机质文物成为微生物生长的营养源,增加金属类文物的电解液,更易发生锈蚀。细菌的生理生化实验可明确哪些细菌对文物存在危害(如其中含有氧化酶和还原酶类的细菌会使颜料褪色。葡萄糖利用、M.R.、V.P. 三种实验是查看细菌在分解葡萄糖的过程中是否产生各种酸,这些酸对文物将存在潜在危害。酸使金属文物氧化,使有机纤维分解、颜料降解等。淀粉和纤维素水解实验主要针对有机质文物进行,有些细菌能产生淀粉酶,使装裱书画和纺织品的传统黏结剂糨糊分解，黏性下降，瓦楞、翘曲、中空、起皮、不平整等现象发生。产生纤维素酶的细菌能使纤维降解，加速老化。厌氧性试验则为抑杀菌进行了方法试探，细菌若为厌氧，文物则可在开放流通的环境中保存，否则可采用密封绝氧法来杀灭细菌，保存文物）。这些损害是除了温度、光照、水、火等物理损害外的主要影响文物的因素。根据细菌的生理生化特点可以采取相应的保护措施和手段。

2.2 真菌鉴定意义及鉴定方法

有害微生物中的霉菌又称为丝状真菌，具有分布广、繁殖快、适应性强且易变异等特点，是导致很多文物损毁的重要因素之一。

霉菌对人和文物产生的危害：霉菌属于真菌的一种，空气中悬浮有霉菌孢子。霉菌活力很强，一般温度在 25℃—30℃、湿度在 80% 以上，并有适当的氧气，霉菌便会生长繁殖，在室内温暖、潮湿的空气环境中，霉菌的生长繁殖特别活跃。霉菌对人的不良影响主要有：易使人感染传染性疾病（如汗斑、足癣等）；霉菌直接在人体内繁殖，引起霉菌性肺炎等（多见于一些久病体弱者）；霉菌是过敏原，能引起过敏性疾病，如支气管哮喘、皮炎等。潮湿的阴雨天是霉菌的"活跃期"，霉菌在繁殖时产生大量的极其微小的孢子，对霉菌过敏的人吸入孢子后就可能出现过敏性鼻炎、哮喘或皮炎，尤其是一些过敏性哮喘和过敏性鼻炎的患者应多加防范。

治病需先知因，为了使防霉具有针对性，需要对真菌的种类有一个清楚的认识。目前最常用的鉴定真菌种类的方法是显微形态观察。但由于微生物种类多，而且多数形态学特征不稳定，有些具有形态可变性或交叉性，有些缺乏某些重要的分类特征，这些情况都会增加形态分类鉴定的难度。为了提高鉴定和分类的科学性和准确性，一些新的技术应用于微生物的鉴定、分类与系统研究。从 20 世纪 60 年代以来，遗传学分类法开始应用于细菌及真菌的分类中。真菌分类中常用的分子生物学方法有真菌核型的脉冲电场凝胶电泳分析、随机引物扩增多态性 DNA 分析、限制性片段长度多态性分析、核糖体小亚基序列及核糖体间隔序列分析等。

rDNA 序列分析现已大量用于各种生物系统发育和分类研究。rDNA 为编码核糖体 RNA 的 DNA 序列。在真核生物中由 18S rDNA、ITS1、5.8S rDNA、ITS2 和 28S rDNA 串联而成。rDNA 经转录形成 RNA，进行剪切加工后产生 18S RNA、5.8S RNA 和 28S RNA。它们与核糖体蛋白质组成核糖体，是合成蛋白质的场所，此区域的序列比较保守，可用于亲缘关系较远的物种之间的比较。人们已经设计出扩增 rDNA 的特异性引物，通过 PCR 技术和测序，可以获得比较完整的 rDNA 序列。转录区间 ITS1 和 ITS2 在不同种间变化较大，其多态性常用于种间或种以下的比较，这样能提高鉴定结果的准确度。

3　有害微生物对文物的危害机理

微生物对文物的危害，主要是指有害微生物在适宜条件下对文物本身的材质造成的危害。微生物以文物基体作为其生长繁殖的营养源，使文物发生损坏变质，其变质过程分为 3 个阶段：霉变、生霉和霉烂。

霉菌对文物、特别是有机质文物的影响也尤为严重。有机质文物（如纺织品、纸质品、漆木竹器、皮革、骨类等）或复合质文物藏品中含有的有机成分（如纤维素、木质素、淀粉和蛋白质等）常成为各种霉菌的营养基，如果在通风不良、阴暗、潮湿、温度偏高、空气中灰尘较多等环境下储存，极易滋生霉菌。霉菌 3 个月内能毁坏纤维的 10%—60%，繁殖速度和破坏力度是可想而知的。霉菌在生长过程中会分泌出相应的各种酶，如纤维素酶和蛋白酶，纤维素酶分解纤维素，蛋白酶分解羊毛、蚕丝等动物蛋白质，把大分子分解成小分子再吸收利用，使有机质机械强度降低，另外，纤维素酶在分解纤维素的同时还会释放有机酸，使纸张酸性增加，加速脆化。霉菌在生长繁殖和自身新陈代谢的过程中会释放能量，一部分维持生命活动，另一部分以热的形式散发出来，并分泌有机酸，严重污染文物表面，导致霉烂，一触即碎；霉菌在吸取营养物质的同时还会分泌黏液，使纺织品、纸质品等相互粘连。壁画上产生的霉菌会导致表面变色，地仗层中的有机成分（如棉花、青草、蒲绒等）在泥层中发酵、腐烂分解，致使壁画起甲、脱落。在遗址类的土质文物中，霉菌的破坏也很严重。在不通风、高湿和堆压条件下释放出来的酸和热会使有机质变得湿润和胶黏，温度和湿度增高，生长繁殖速度加快，对文物的破坏也加速，引发恶性循环，危害文物健康。最后霉菌在代谢过程中会产生色素，色素的颜色和霉菌的种类有关，色素附着在有机质上就形成霉斑，会污染绘画、书籍，掩盖图案、字迹，影响其历史、艺术和科学价值。图1-1A、B所示为生霉较严重的纺织品，C、D所示为生霉较为严重的库房一角。

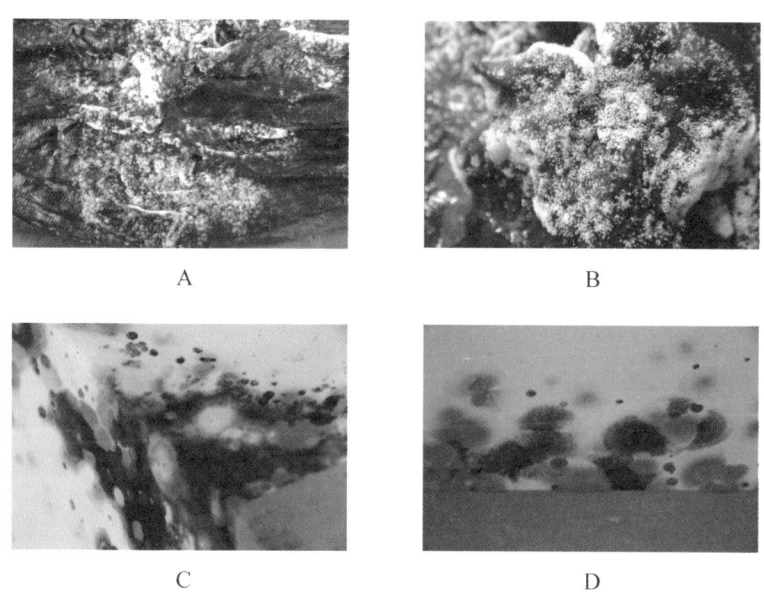

图1-1　生霉较为严重的丝织品与库房一角

（A、B为纺织品，C、D为库房一角）

3.1　有害微生物对纤维类（棉、麻、纸、木）文物的危害机理

纤维质文物含有纤维素、淀粉、明胶等材料，这些材料能提供微生物生长所需的营养源，温度和湿度合适，微生物一旦着床生长，就能分泌出分解这些材料的酶。以下是各种酶对文物的分解机理。

3.1.1 淀粉的分解

微生物所分泌的淀粉酶有 α-淀粉酶、β-淀粉酶和葡萄糖酶，不同的酶作用方式不一样。α-淀粉酶可把淀粉分解成糊精。β-淀粉酶可以把淀粉分解成单个的麦芽糖和糊精，葡萄糖淀粉酶可以把淀粉分解成单个的葡萄糖和一些短支链的糊精。分解过程如下：

$$(C_6H_{10}O_5)_x + β\text{-淀粉酶} \longrightarrow y(C_6H_{12}O_6) + m/2(C_6H_{10}O_5)_n$$

微生物中的酵母菌，通过异淀粉酶把以上反应生成的糊精分解成麦芽糖和葡萄糖。分解过程如下：

$$(C_6H_{10}O_5)_n + \text{异淀粉酶} \longrightarrow C_6H_{12}O_6$$

生成的葡萄糖也不稳定，将作为微生物的营养源再次被分解。首先在脱氢酶系的作用下生成丙酮酸。分解过程如下：

$$C_6H_{12}O_6 + \text{脱氢酶} \longrightarrow 2CH_3COCOOH + 4[H]$$

丙酮酸进入微生物线粒体后，在脱氢酶系作用下脱氢脱羧并和辅酶结合形成乙酰辅酶，三羧酸循环是以乙酰辅酶和草酰乙酸合成含有三羧基的柠檬酸开始的。每循环一次生成两个 CO_2 分子，并形成一个草酸乙酰。

经脱氢酶催化分解的氢，只有在极少数情况下才能直接与分子氧进行反应。丙酮酸再进一步氧化生成 CO_2 和 H_2O，氢要经传递系统才能与氧结合。另一方面氧分子需要氧化酶激活才能与氢结合，即：

$$O_2 \rightarrow 2[O] \qquad [O] + 2[H] \rightarrow H_2O$$

葡萄糖被彻底氧化之后。每摩尔葡萄糖能产生 2868kJ 的能量，即：

$$C_6H_{12}O_6 + 6O_2 \rightarrow 6CO_2 + 6H_2O + 2868kJ$$

这些能量是氢和氧电子在传递过程中逐步释放出来的，它们一部分储存在有机体内供微生物生理活动的需要，另一部分以热的形式散发出来。

3.1.2 纤维素的分解

在纤维素材料上生长的微生物都能代谢产生维生素酶，纤维素酶主要有三个组分：内切葡聚糖酶（Cx 酶），外切葡聚糖酶（C1 酶）和 β-葡萄糖苷酶。纤维素在这类酶的作用下，发生一系列水解，即：

$$\text{结晶纤维素} \xrightarrow{C1} \text{无定形纤维素} \xrightarrow{Cx} \text{纤维二糖} \xrightarrow{β\text{-葡萄糖苷酶}} \text{葡萄糖}$$

从上式可以看出，纤维的分解产物也是葡萄糖，葡萄糖最终发生分解

反应生成 CO_2 和 H_2O。以纸质材料的霉坏变质为例，纤维素是纸的主要成分，在天然纤维素中，由于分子链通过氢键形成结晶结构，使水和酶不易进入。但纤维酶中的 C1 酶可作用于纤维素的结晶区，使其转变成可被 Cx 酶作用的无定型结构，Cx 酶随机水解无定型纤维素成纤维素二糖，最后纤维素二糖由 β–葡萄糖苷酶水解成葡萄糖。

3.2 微生物对蛋白质文物（丝、毛、皮革类）材料的破坏

蛋白质文物材料（丝、毛、皮革、犀角等）被有害微生物侵蚀而引起文物材料的霉变，霉变后的文物表面产生各种颜色的霉斑。同时蛋白质纤维在微生物分泌的蛋白酶作用下，发生水解，产生氨基酸等物质。

氨基酸等经过微生物进一步分解，脱氨、脱酸之后，生成饱和或不饱和的脂肪酸、酮酸、羧酸、醇、硫醇类物质以及胺、CO_2、NH_3、H_2S、吲哚及甲基吲哚等。NH_3、H_2S 等物质会使有机物腐败发臭并带有毒性。由于蛋白质的分解使这类文物材料表面光泽度和强度都降低，表面发黏。上述分解过程如下：

HOOC–CH（R）–NH–CO–CH（R）–NH–CO–CH（R）–NH–CO–CH（R）–NH$_2$ + H$_2$O $\xrightarrow{\text{蛋白酶}}$ HOOCH（R）–NH–CO–CH（R）–CH–NH$_2$（二肽）+ HOOCH（R）–NH–CO–CH（R）–CH–NH⋯

CO–CH（R）–CH–NH$_2$（多肽）+ H$_2$O $\xrightarrow{\text{肽酶}}$ nR–CH（NH$_2$）–COOH（氨基酸）

R–CH（NH$_2$）–COOH + H$_2$O $\xrightarrow{\text{脱氢酶}}$ R–CH（OH）COOH（羧酸）+ NH$_3$（氨气）

霉菌对皮革的侵蚀作用除上述过程外，还可产生脂肪酶作用于皮革中油脂而发生水解，生成脂肪酸和甘油，即：

C$_3$H$_5$（COOR）$_3$ + 3HO $\xrightarrow{\text{脂肪酶}}$ C$_3$H$_5$（OH）$_3$ + 3RCOOH

甘油不稳定，可直接被微生物水解。高级脂肪酸分解较慢，但在有氧情况下，能被一些好氧性微生物逐步分解成低分子酸、酮等类物质。皮革中的油脂被水解破坏后，其强度、延伸率、耐水性能会显著下降，并且在

空气中氧的作用下，产生酸败的刺激性气味，同时皮革表面发黏。生成的氨基酸是微生物良好的氮源、碳源和能源。

3.3 微生物对金属文物的影响

微生物对金属文物的腐蚀破坏，到目前还没有引起注意，这一领域的研究工作和文献报道也不多。意大利文物保护专家 Nugarli 等人研究了微生物对室外青铜文物及其保护材料的腐蚀作用，认为引起腐蚀的主要是一些真菌。由此可见，微生物对金属文物的腐蚀作用不但是存在的，有时甚至是严重的。尤其是当金属置于潮湿环境下时，生物腐蚀和电化学腐蚀相互作用，对金属文物的破坏更为严重。

微生物对金属文物的腐蚀由金属文物材料、微生物种类以及文物所处的环境三个因素共同决定。研究金属文物腐蚀机理的一个重要原则是金属文物材料与其腐蚀产物所构成的系统应处于能量最低状态。金属与其腐蚀产物相比，如果金属能量状态低，则该金属不易被腐蚀，例如：金比它的化合物的能量状态低，所以金不易被腐蚀，经常以单质形态存在；而铁比其腐蚀产物的能量状态高，所以铁易被腐蚀。金属及其腐蚀产物通常会发生如下平衡反应：

$$M \rightleftharpoons M^{n+} + n\,e^-$$

当金属文物处于潮湿环境中时，空气中的氧气接受电子，发生反应：

$$H_2O + 1/2\,O_2 + 2e^- \rightarrow 2\,(OH)^-$$

由于生成的电子不断被消耗，促使反应的平衡向右进行，即金属材料被逐渐腐蚀。

研究表明（详见参考文献 17），暴露于空气中和埋藏于地下的金属文物都能遭受到微生物的腐蚀。微生物由于其形体小，易于随风和水传播，因而气流和水流可以把微生物及其孢子送到千里之外。又由于微生物营养类型多，适应能力强，它们利用各种不同的基质，在各种环境中生长。此外，还可以形成各种类型的休眠体，如芽孢、厚垣孢子、菌核等，都能抵抗不良的环境。以上这些特性都是微生物广泛存在于高山、陆地、淡水、海洋、空气以及动植物体内的重要原因。空气中没有微生物可以直接利用的营养源，不是微生物生长繁殖的天然环境，因而空气中没有固定的微生物种类。但空气中含有尘埃和水蒸气，微生物在空气中不能生长繁殖，只能吸附在尘埃、水汽等颗粒物上。它们对金属的影响不容忽视。当金属文物处于潮湿的环境中时，由于其表面粗糙、多褶皱，易吸附一些尘埃和水蒸气，微生物产生代谢产物为有机酸，这些酸接受金属腐蚀所产生的电子，即：

$$M \rightleftharpoons M^{n+} + ne^- \quad 2H^+ + 2e^- \rightarrow H_2$$

酸对电子的吸收利用促使反应向右进行，引起金属的腐蚀。

另外一些微生物的代谢产物自身具有接受电子的能力，如硫酸盐还原菌、厌氧菌等都能使硫酸还原而获得生长繁殖的能量，即：

$$SO_4^{2-} + 8e^- \xrightarrow{\text{硫酸盐还原菌}} S^{2-} + 4O^{2-}$$

上述还原反应对电子的消耗也能促使金属氧化。

以上是微生物引起空气中金属文物材料的腐蚀机理，金属文物处于潮湿环境时，往往是电化学腐蚀和微生物腐蚀同时发生，两者相互作用，加速文物的变质速度，因此潮湿、污浊的环境最不利于文物的保存。

4　空气微生物的检测概述

没有空气微生物采样就没有空气微生物学，因此采样也是研究的热点。目前该研究主要有五个发展趋势：复合式的空气微生物采样原理（研究发现单一的采样原理往往不能满足设计捕获率高的采样器的需要，如在撞击法丢失的粒子后面再加一道过滤阀，这样设计出来的采样器捕获率会更高），大流量的空气微生物采样装置，小的活性粒子的空气微生物采样技术，联合的空气微生物采样措施，快速自动的空气微生物采样途径。

要检测空气中微生物的种类和数量，需要特殊装置的采样器采样，然后将采得的空气样品通过培养基的培养，进行计数。影响微生物计数的因素很多，包括捕获的方法、捕获过程中对微生物的杀灭作用、培养温度以及培养基的选择等。到目前为止，尚未找到一种能培养所有微生物的培养基，特别是立克次氏体和病毒不能在无生命的培养基中生长，因此，一般都是以细菌和真菌作为检测的目标。

空气微生物检验一般只计在37℃繁殖的微生物总数，而不计微生物种类。常用的检验方法有两种：一种是测菌落数，即一定时间内从空中落到单位地面上的微生物个数；另一种是测浮菌数，即每单位体积空气中浮游着的微生物个数。测菌落数时，把一定数量的琼脂平板均匀放置在室内的地板上，打开平板，暴露若干小时。然后在37℃恒温箱内培养48h，统计每个平板表面的菌落数。检测浮菌数，实际上是检测试样的总菌数。收集微生物菌落的方法，有撞击法、过滤法和静电沉降法之分。常用的方法如下：

4.1 沉降平板法

将盛有琼脂培养基的平板置于一定地点，打开平板盖子暴露一定时间，然后进行培养，统计菌落数。据报道（详见参考文献18）暴露1min后，每平方米培养基表面上生长的菌落数相当于$0.3m^3$空气所含有的细菌数。该方法比较原始，一些悬浮在空气中的带菌小颗粒在短时间也不易降落在培养皿内，因而无法确切进行定量测定，但检测方法较简便，适用于在不同条件下相互对比之用。

4.2 液体撞击法

亦称吸收管法，是利用特制的吸收管，将定量的空气快速吸收到管内的吸收液内，然后取此液体一定量（一般为1mL），稀释（视空气清洁程度而定），涂平板，培养，统计菌落数或分离病原微生物。

4.3 撞击平板法

抽吸定量的空气快速撞击一个或数个平板，转动或不转动的平板表面，然后将平板进行培养，统计菌落数。

4.4 滤膜法

将定量的空气通过特殊滤膜（如硝酸纤维滤膜），使带有微生物的尘粒吸附在滤膜表面，然后将此尘粒洗脱在合适的溶液中，再吸取一部分进行培养计数。

一般检验空气中细菌的方法常用沉降法，虽然细菌数量统计欠准确，但方法简便。实际中用下式计算 $1m^3$ 空气中微生物数量。

$$X = \frac{N \times 10^4}{\pi r^2}$$

式中：X——每立方米空气中的细菌数；

N——平板暴露 5min，于 37℃培养 24h 后生长的菌落数；

r——平板底部半径（cm）。

如果面积为 $100cm^2$ 的平板培养基，暴露于空气中 5min，37℃培养 24h 后所生长的菌落数，就相当于 10L 空气中的细菌数。

本章讨论了空气中微生物的几类采样方法及其发展趋势。惯性撞击类实验中，自然沉降法简单易行，但是很粗略，不能测定空气中小粒子上的细菌；液体撞击式采样器适于高浓度的空气微生物采样，采集的样品可分别分析，不适于低温和微生物浓度低时采样；离心撞击式采样器结构简单，使用方便灵活，对微生物粒子的捕获率高；过滤阻留类的采样器能在低温条件下采样，采集效率高，但难以保持稳定的采气量；静电沉着类采样器采集空气样本容量大，对小粒子捕获率高，实用性强，但其设备大，结构复杂，使用维护不便；温差迫降类采样器采集的样品可直接培养，对低浓度气溶胶的优点是快速、简单、粒子损伤小，但采气量小，未在现场中获得广泛应用；生物类采样器除具有一般空气微生物采样器所具有的功能外，还能为进入呼吸道的微生物粒子提供生长繁殖场所，但无法推广应用；固体撞击式采样器采样粒谱范围广、效率高，本实验将采用此方法。

5 结论

通过各种采样方法的比较，空气微生物的浓度和种属在很大程度上影响着空气的质量。博物馆是文物存放的场所，了解馆内空气污染现状，对于防止呼吸道疾病的传播，保护观众、工作人员身体健康和文物安全具有重要的现实意义。

本节讨论了空气微生物可能对人和文物造成的危害，为了做到有的放矢，有效提高鉴定的准确性，需要对优势菌种进行分离鉴定，目前对细菌常用的鉴定方法是形态学、生理生化和分子生物学相结合，对真菌的鉴定方法是形态学和分子生物学相结合。

参考文献

[1] 陈皓文，陈阳. 空气微生物学的国内研究进展 [J]. 疾病控制杂志, 2005, 9 (6): 627-629.

[2] 钟格梅, 陈烈贤. 室内空气微生物污染及抗菌技术研究进展 [J]. 中国卫生工程, 2004, 3 (1): 49-51.

[3] 谢淑敏. 京津地区大气微生物本底研究 [J]. 环境科学, 1986, 7 (5): 57-63.

[4] 高红霞, 高铁利, 高振杰. 大气污染对小学生肺通气功能及非特异免疫功能影响研究 [J]. 中国学校卫生, 2006, 27 (5): 402-403.

[5] 王彦, 王琳, 井坤娟. 某高校学生结核病流行特征分析 [J]. 中国学校卫生, 2005, 26 (5): 423.

[6] 陈皓文. 青岛城区室外空气微生物数量的测定 [J]. 上海环境科学, 1995, 14 (2): 31-32.

[7] AA Leslie Gunatilaka. 2006. Natural products from plant-associated microorganisms: distribution, structural, diversity, bioactivity, and implications of their occurrence [J]. Journal of Natural Products, 69: 509-526.

[8] 刘国强, 周娅. 校园空气污染微生物的检测与评价 [J]. 微生物学杂志, 2004 (3): 56-58.

[9] 田金英, 王春雷, 白志平. 古代文物丝织品霉斑清除的研究 [J]. 文物保护与考古科学, 2005, 17 (04): 1-6.

[10] 陈红歌, 贾新成. 密县汉墓霉变壁画霉菌的分离鉴定 [J]. 敦煌研究, 1996, 3: 145-148.

[11] 陈秀贤, 曾会才, Ho H, 等. 分子生物学技术在腐霉菌分类上的应用研究 [J]. 生物技术通报, 2007, (5): 84-92.

[12] 马国忠, 余永年. 凝胶电泳与腐霉属的分类 [J]. 真菌学报, 1991, 10 (3): 217-222.

[13] 林剑伟, 阙友雄, 陈天生. 核糖体 DNA 的内转录间隔区序列标记在真菌分类鉴定

中的应用 [J]. 生物技术通讯, 2007, 18 (2): 292-294.

[14] 张松乐. 近地面大气微生物本底调查研究进展 [J]. 中国微生态学杂志, 1996, 8 (5): 40-44.

[15] 谢淑敏. 大气微生物的研究 (Ⅱ) 京津地区大气微生物污染动态变化规律 [J]. 环境科学学报, 1988, 8 (2): 195-199.

[16] 武望婷, 何海平, 闫丽, 赵瑞廷. 首都博物馆空气细菌的分离鉴定及在文物保护中的意义 [J]. 文物保护与考古科学, 2012, 24 (01): 76-82.

[17] 袁斌, 刘贵昌, 陈野. 材料微生物的腐蚀概况 [J]. 材料保护, 2005, 24 (10).

[18] 杨洪彩, 张晓雪, 黎唯. 平板沉降法不同采样条件对空气中细菌采样结果的影响 [J]. 中国消毒学杂志. 2006, 1 (5).

第二章 首都博物馆内空气微生物种属调查

空气微生物是大气污染物之一,细菌和真菌等空气微生物常吸附在悬浮颗粒物上,是室内空气质量的重要参数之一,它们可导致人类和动植物某些疾病的发生与传播,且常与环境的其他污染物协同作用,易滋生繁殖而污染空气,致使环境恶化,空气质量降低[1-3],目前已经成为重要的公共环境卫生问题,在美、日、德、法等国家是人们最为关注的环保课题之一。空气微生物数量随人类活动,分布也有很大变化[4]。人员集中或流动性大的区域,空气微生物含量较高,空气质量较差。室内空气微生物污染可引起人们出现眼部刺激感、哮喘、过敏性皮炎、过敏性肺炎和传染性疾病,重者甚至导致死亡。

1 实验材料和方法

1.1 仪器及材料

Thermo Scentifid 1358 型生物安全柜,Eppendorf Centrifuge 5810R 型离心机,3M Climacell 222 恒温恒湿培养箱,3M Ven 222 型干燥箱,Sanyo MLS - 3750 型灭菌锅,Innova 43/43R 摇床,IKA MS 3 basic 型旋涡混合仪,PE 9600 型扩增仪等。采用北京先能技术开发责任有限公司生产的 JWL - IIC 型撞击式多功能空气微生物检测仪进行测定。按照国标 GB/T 18883 - 2002 中室内空气微生物检验方法执行,采样时调节取样器空气流量为 20L/min,把空气中带菌粒子按大小、种类不同,分别捕获在各级培养皿上,空气细菌、真菌和放线菌的采样时间均为 5min。

1.2 采样时间和地点

针对首都博物馆选取 3 个不同的功能区——展厅(A)、地下文物库房(B)和办公区(C),于 2010 年 3 月份进行取样。展厅采样地点从地下一层到六层,每层一个展厅,每个展厅采样分布 5 点,每点平行 3 份。地下文物库房选取两个库房分别是有机质书画和无机质金属库房。办公区采样从一层至六层楼道,每层 3 个点,每点 3 个重复。采样时间分别在 9:00、13:00 和 17:00。采样高度为人类呼吸带,距离地面 1 米处(部分采样点见图 2-1、图 2-2、图 2-3)。

图 2-1 展厅采样点

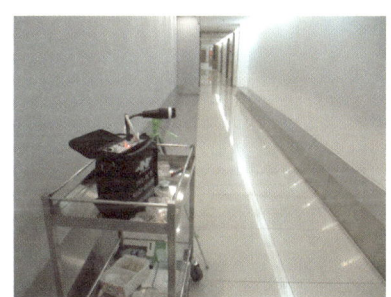

图 2-2 办公区采样点

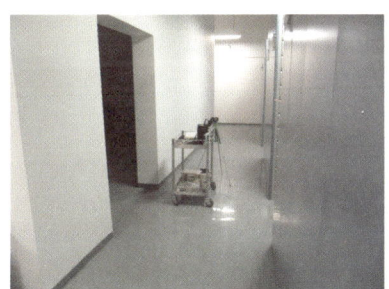

图 2-3 库房采样点

1.3 采样方法和培养方法

采用微生物采样仪专用一次性培养皿,在无菌的条件下,每个培养皿中加入 4.3mL 的培养基。细菌采用牛肉膏蛋白胨培养基，放线菌采用高氏一号培养基，在 28℃培养箱内培养 5—7 天；真菌采样用查氏培养基，在 28℃培养箱内培养 3 天；然后分别在各级采样皿上进行菌落计数。根据各级空气微生物的粒子数量，利用公式计算空气微生物的浓度。

$$C(CFU)/m^3 = \frac{N \times 1000 (L)}{F(L/min) \times t(min)}$$

（上式中 C 为空气菌落浓度；N 总菌落数；t 为采样时间；F 为空气流量。）

1.4 微生物鉴定方法

细菌挑取优势单菌落，分离纯化后进行革兰氏染色，用显微镜鉴定细菌的类型，生理生化检验细菌的特征，最后用分子生物学进一步鉴定，引物为：5 - AGA GTT TGATCC TGG CTCAG - 3 下游引物：5 - GGT TAC CTT GTTACG ACT T - 3；真菌的鉴定用显微镜观察孢子囊和菌丝形态，结合分子生物学鉴定到属，真菌引物：ITS1 5 - TCC GTA GGT GAA CCT GCG G - 3，ITS 4 5 - TCC GCT TAT TGA TAT GC - 3，引物均由上海生物工程技术服务有限公司（简称"上海生工"）合成。

2 结果与讨论

2.1 空气微生物群落变化特征

2.1.1 空气细菌的浓度变化

同一功能区不同高度细菌的浓度有变化。文物库房在地下二层，不涉及楼层高低，功能区包括首都博物馆办公区和展厅，统计结果见图 2 - 4。红色柱状是办公区的 1—4 层，蓝色为展厅的 1—4 层。办公区的细菌浓度明显高于展厅，分析原因可能是因为办公区空间小，人员多，办公环境相对集中，空气流动大。办公区一层细菌浓度最大（903CFU/m^3），是因为此处为所有工作人员进入办公区的必经之地，进入办公区后人员分流到不同楼层，由一层到三层细菌浓度减小，这符合自然规律。四层细菌浓度相对提高（640CFU/m³），是因为四层为馆内职能层，人事处、办公室、会议室等职能部门全设在四层，人员流动度相对较高。展厅细菌浓度相对较小（36—71CFU/m³），原因有三：一是空间比较大；二是首博为新建馆，设备先进，中央空调循环控制好；三是面临长安街，周围绿化、空气洁净度也高。馆内展厅细菌浓度低，适合观众参观，楼层高度对细菌浓度的影响较小。

同一功能区同一高度不同时间细菌的分布特征。对三个功能区分三个时间段分别采样（9：00、13：00、17：00），统计结果见图2-5。从柱状图看，除库房外，各功能区细菌在不同时间浓度不同。就办公区而言，上午8：30—9：00是工作人员陆续到单位上班时间，人员流动大，细菌浓度高（940CFU/m³）；中午13：00为休息时间，人员流动度相对较低，细菌浓度回落（250CFU/m³）；下午17：00为下班时间，人员陆续离开办公区，细菌浓度有所回升（350CFU/m³）。展厅上午9：00开馆，观众相对较少，细菌浓度较低（92CFU/m³）；到中午13：00观众增至最多，细菌浓度增至最大（132CFU/m³）；下午16：30闭馆，17：00细菌浓度有所回落。文物库房在地下二层，在无文物搬运时基本没有人员流动，环境温度与湿度也没有变化，细菌浓度基本保持不变。

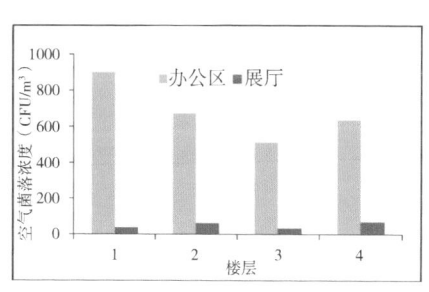

图2-4 同一功能区不同高度细菌的分布

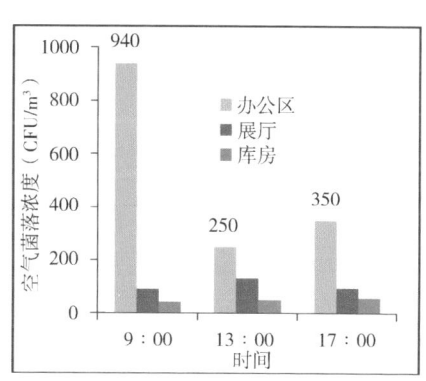

图2-5 同一功能区同一高度、不同时间细菌的分布

2.1.2 空气真菌的浓度变化

同一功能区不同高度真菌浓度的分布也有区别，统计结果见图2-6。

办公区各楼层真菌浓度从一层到四层依次减少,一层浓度最高(290CFU/m^3),四层浓度最低(153CFU/m^3)。展厅不同楼层细菌浓度,相对办公区浓度低,楼层之间变化不大,无规律性。

同一功能区同一高度、不同时间段真菌浓度的分布特征,时间分布为9:00、13:00、17:00,见图2-7。展厅一天内不同时间段真菌的浓度从分布来看,中午真菌浓度最高,下午有回落,但还是高于上午时的浓度,总体与人员流动情况成正比。办公区真菌浓度由上午到下午依次递减。库房一天内不同时间段真菌浓度低,变化幅度相对较小。

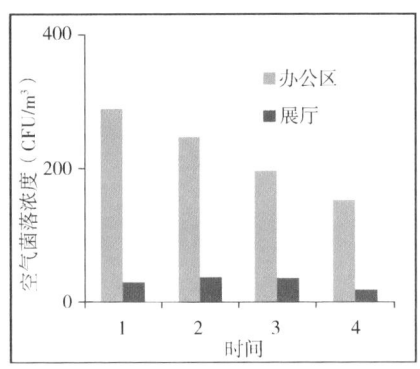

图2-6 同一功能区不同高度真菌浓度

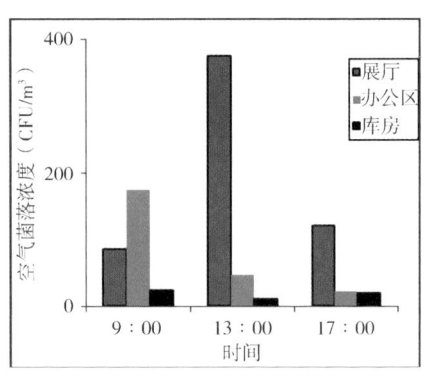

图2-7 同一功能区同一高度、不同时间真菌浓度

2.1.3 空气放线菌浓度特征

同一功能区不同高度放线菌的分布也有区别,统计结果见图2-8。办公区不同楼层放线菌浓度,变化规律与细菌相同,一层浓度最高(540CFU/m^3)。展厅不同楼层放线菌浓度,相对办公区浓度低,楼层之间变化不大,无规律性。同一功能区同一高度、不同时间放线菌的分布特征,统计结果见图2-9。办公区上午放线菌浓度达到435CFU/m^3,其余时间以及库房和展厅全天浓度都很低,最低为17CFU/m^3,放线菌浓度较低。

2.2 空气微生物优势菌群的鉴定

从2.1可知,细菌和真菌在空气中的含量相对较高,为了进一步确定菌落的种属，挑取优势生长菌株接种于分离纯化培养基上进行纯化培养，并将纯化后菌株接种于试管斜面保藏在培养基上，4℃保藏，以作鉴定用。

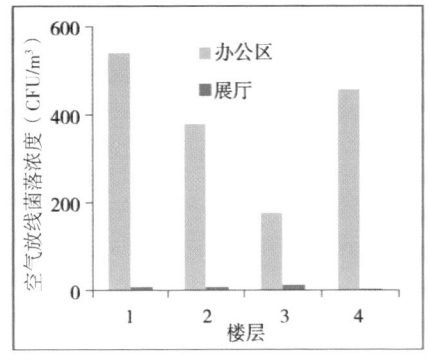

图 2-8 同一功能区不同高度放线菌浓度

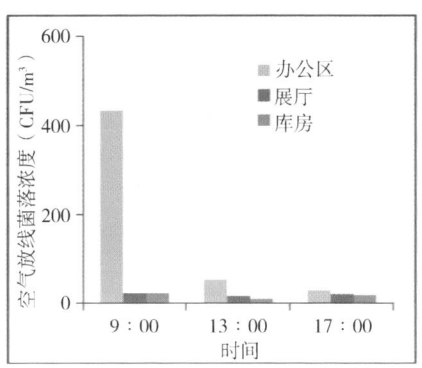

图 2-9 同一功能区同一高度、不同时间放线菌浓度

2.2.1 空气中优势细菌的鉴定

本实验根据菌落特征，共分离出细菌 59 株，革兰氏染色表明阳性菌明显多于阴性菌，阳性菌约占 89%，阴性菌约占 11%。球菌比例略高于杆菌。部分菌株的单菌落和革兰氏染色后的显微形态（放大倍数 10×100）见图 2-10。从中挑选 28 株优势细菌进一步分析，提取全细菌基因组，应用 16S rDNA 通用引物进行 PCR 扩增。获得的产物经过测序后，进行序列同源性分析。对 28 株细菌的 16S rDNA 序列与 Genbank 中已知序列比对，依据比对结果（见表 2-1），鉴定出的细菌以芽孢杆菌和微球菌为主，其中微球菌 10 株，芽孢杆菌 8 株，考克氏菌 5 株，假单胞菌 3 株，其他属 2 株。鉴定出所有菌与已知菌的同源性均在 99% 以上，且大多为条件致病菌，结合文献[5]可以看出，不同地点空气细菌的优势菌群基本相同，微球菌属、芽孢杆菌属、假单胞菌属为空气细菌优势种属。本实验同时也分离得到了考克氏菌属细菌，经查阅文献[6]，这些细菌在空气微生物中分布很少，而且在正常条件下不会导致传染类疾病的发生，对于观众和工作人员是安全的。

表 2-1 细菌鉴定结果

样品编号	种属	同源菌株	同源性%
1	微球菌	Micrococcus MH54	99%
2	南极微球菌	Micrococcus antarcticus LY076	99%
3	萎缩芽孢杆菌	Bacillus atrophaeus K01-03	100%
4	巨大芽孢杆菌	Bacillus megaterium EWF56	99%
5	芽孢杆菌	Bacillus sp. Ca7-3M04	99%
6	短杆菌	Brevibacterium sp. 210_12	99%
7	芽孢杆菌	Bacillus sp. B1408	99%
8	考克氏菌	Kocuria sp. E7	99%
9	藤黄微球菌	Micrococcus luteus strain ZFJ-12	99%
10	考克氏菌	Kocuria sp. ZS2-6	99%
11	芽孢乳杆菌	Planomicrobium chinense partial	99%
12	考克氏菌	Kocuria sp. ZS2-6	99%
13	芽孢杆菌	Bacillus sp. Z9	99%
14	微球菌	Micrococcaceae bacterium BQN1R-02d	99%
15	巨大芽孢杆菌	Bacillus megaterium LNL6	99%
16	考克氏菌属	Kocuria rosea strain CV1	99%
17	考克氏菌属	Kocuria sp. CTDE1	99%
18	微球菌	Micrococcus sp. 0946011	99%
19	微球菌	Micrococcus sp. CTDB2	99%
20	简单纯芽孢杆菌	Bacillus simplex strain REG129	99%
21	藤黄微球菌	Micrococcus luteus NCTC 2665	99%
22	微球菌	Micrococcus antarcticus strain LY076	99%
23	微球菌	Micrococcus sp. MH54	100%
24	藤黄微球菌	Micrococcus luteus NCTC 2665	100%
25	浅黄假单胞菌	Pseudomonas luteola strain Marseille	99%
26	栖稻假单胞菌	Pseudomonas oryzihabitans strain LMG 7040	99%
27	浅黄假单胞菌	Pseudomonas luteola strain Marseille	99%
28	枯草芽孢杆菌	Bacillus subtilis strain LXA10	99%

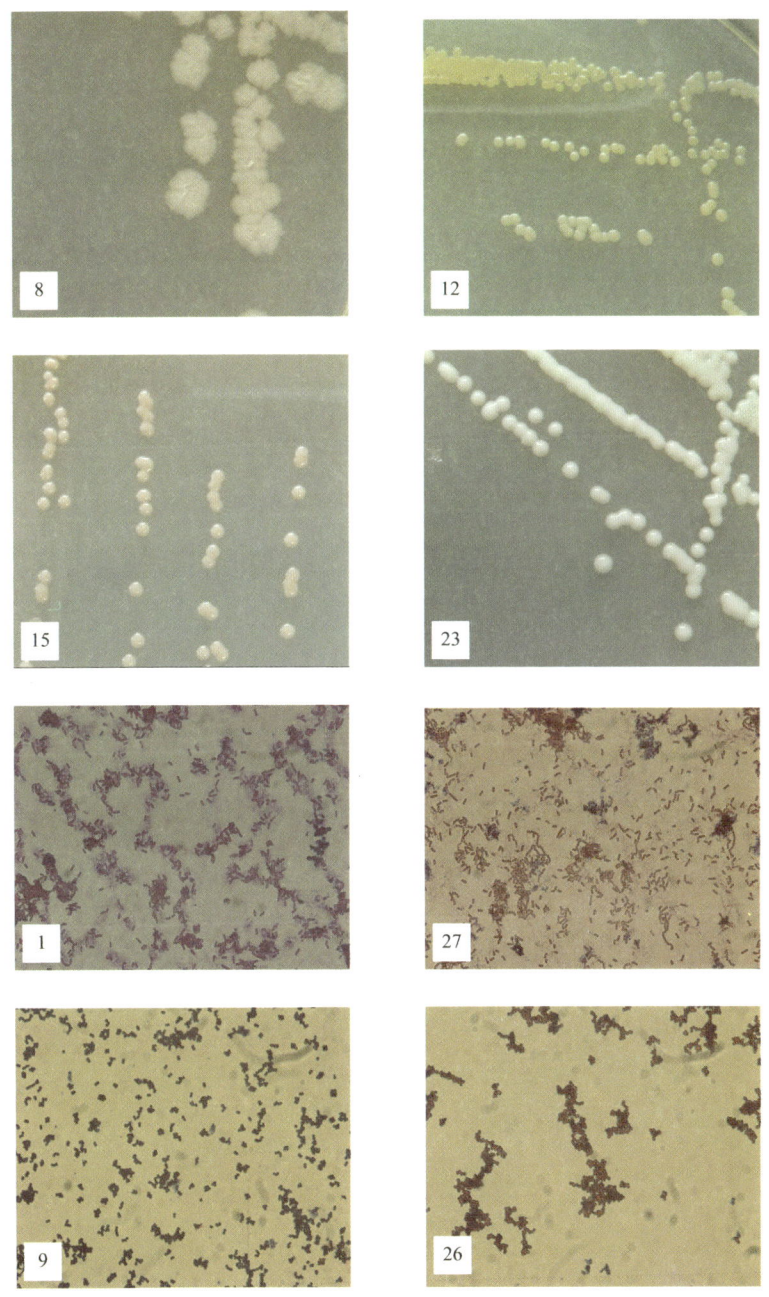

图 2-10 部分细菌的固体培养形态和染色后显微形态

(图中数字为样品编号,详见表 2-1)

2.2.2 空气中优势真菌的鉴定[7]

分离纯化出真菌的优势菌 54 株,其中有 34 株用显微形态和分子生物学方法鉴定到属。显微形态采用载片培养法,部分真菌菌丝形态见图 2 - 11;分子生物学方法用 ITS1 和 ITS4 为测序引物,将真菌 PCR 产物送北京梦怡美公司进行双向测序并将得到的单向序列进行拼接,获得了 500—600bp 的 ITS 序列,并与 Genbank 中的同源性最高的真菌 ITS 序列进行聚类分析。由鉴定结果可知,90% 以上为青霉属中不同种,曲霉属和枝孢霉属次之,分别占 3%、5%。

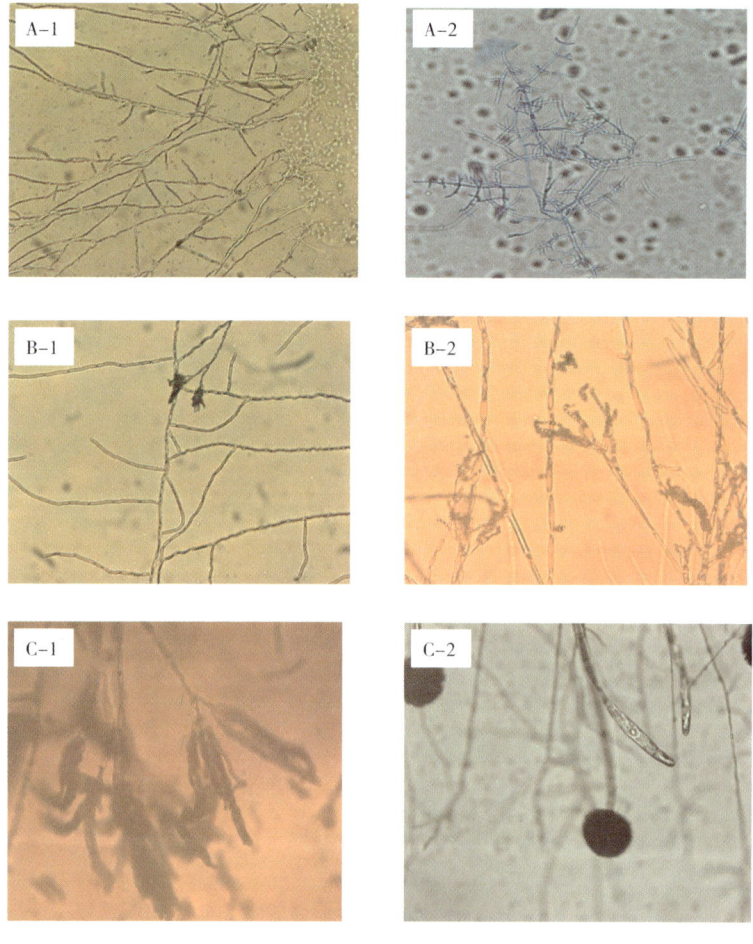

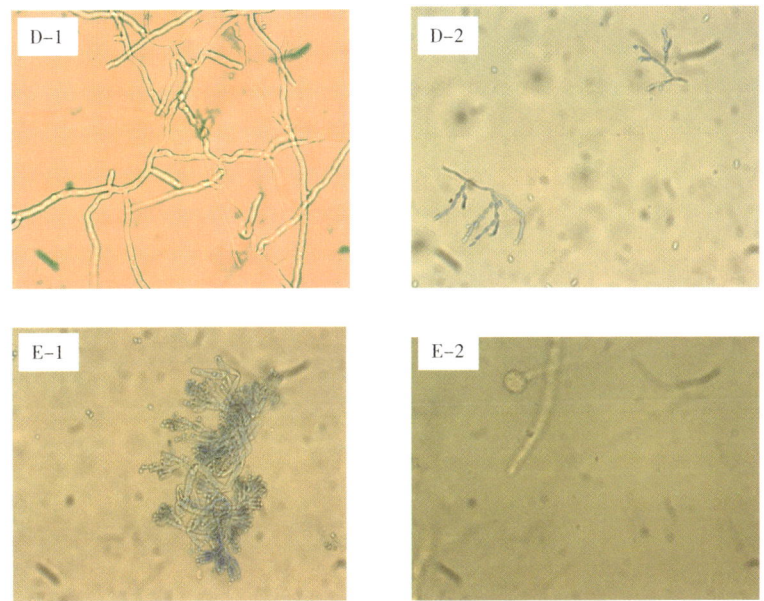

图 2-11　5 株真菌菌丝形态

（其中 A-1、B-1、C-1、D-1、E-1 为菌丝，A-2、B-2、C-2、D-2、E-2 为卵孢子）

A：1 号菌　B：2 号菌　C：3 号菌　D：4 号菌　E：5 号菌

3　结论

第一，首次对首都博物馆内环境微生物采样并进行统计分析，了解了空气微生物的空间浓度分布，为进一步研究微生物对文物的影响提供了可靠的基础数据。

第二，首次对首都博物馆内环境微生物中的细菌、真菌和放线菌的浓度分布进行研究，对比三个功能区在不同时间、不同高度浓度的变化规律。由分析结果可知，影响微生物浓度变化的主要因素是人员流动的频率，流动越频繁则浓度越高。办公区在上下班高峰时间、展厅观众人数较多时间段微生物的浓度相对较高，库房在无文物搬运时人员流动最小，浓度最低。微生物浓度由库房到展厅再到办公区依次升高，其中细菌浓度最高，真菌次之，放线菌最低。但浓度均符合室内公共场所微生物安全标准且大大低于该标准，对人和文物都安全。

第三，对首都博物馆内环境微生物中含量相对较高的细菌、真菌分别选取优势菌株进行分离鉴定。采用形态学和分子生物学相结合的方法较为准确地分析了 28 株细菌和 23 株真菌的种属，其中细菌主要以芽孢杆菌和微球菌为主，占 70% 以上。真菌以青霉属为主，约占 90%，鉴定出的菌与已知菌的同源性均在 99% 以上，其中大多数为条件致病菌，这些菌在正常条件下不会导致传染类疾病的发生，对观众和工作人员安全。

参考文献

[1] 谢淑敏. 京津地区大气微生物本底研究 [J]. 环境科学，1986，7（5）：57.

[2] 高红霞，高铁利，高振杰. 大气污染对小学生肺通气功能及非特异免疫功能影响研究 [J]. 中国学校卫生，2006，27（5）：402.

[3] 王彦，王琳，井坤娟. 某高校学生结核病流行特征分析 [J]. 中国学校卫生，2005，26（5）：423.

[4] 陈皓文. 青岛城区室外空气微生物数量的测定 [J]. 上海环境科学，1995，14（2）：31.

[5] 谢淑敏. 京津地区大气微生物本底研究 [J]. 环境科学，1986，7（5）：57-63.

[6] 陈皓文，陈阳. 空气微生物学的国内研究进展 [J]. 疾病控制杂志，2005，9（6）：627-629.

[7] 闫丽，高雅，贾汀. 古代书画文物上污染霉菌的分离与鉴定 [J]. 中国文物科学研究，2011，21：78-82.

第三章 首都博物馆室内真菌的分离鉴定及核糖体 DNA – ITS 序列分析

1 材料与方法

1.1 实验材料

1.1.1 培养基

真菌分离纯化培养基为查氏固体培养基：蔗糖 30g，$NaNO_3$ 3g，K_2HPO_4 1g，$MgSO_4 \cdot 7H_2O$ 0.5g，$FeSO_4 \cdot 7H_2O$ 0.01g，KCl 0.5g，琼脂 20g，蒸馏水 1000mL，自然 pH 值在 7 左右。液体培养基与固体培养基成分和配制方法相同，不加琼脂。保藏培养基为 PDA 培养基：马铃薯碎片 200g，煮沸 20—30min，用 3 层纱布过滤，滤液加入葡萄糖 20g，琼脂 20g，定容至 1000mL。以上培养基经过高压灭菌后使用或保存。

1.1.2 试剂及引物

dNTPs 和 Taq DNA 聚合酶购于北京天根公司。引物采用真菌通用引物 ITS1、ITS4 扩增 rDNA – ITS 基因片段，上、下游引物序列分别 ITS1 5 – TCC GTA GGT GAA CCT GCG G – 3，ITS 4 5 – TCC GCT TAT TGA TAT GC – 3，由上海生工合成。

1.2 实验方法

1.2.1 真菌的采集

采用 JWL-IIC 型撞击式多功能空气微生物检测仪采样。利用惯性撞击原理，抽气动力作用，使空气通过狭缝产生高速气流，气动技术使采集的微生物粒子均匀分布在介质上，该取样器采样时空气流量为 20L/min，采样时间 5min。首都博物馆内参展文物上真菌的采集：2009 年 12 月，首都博物馆首次对开馆以来部分展厅文物进行拍照和除尘，借此机会，以文物上的浮尘为样本进行真菌采集。操作过程戴口罩、手套，尽量减少人员往来。样本带回实验室进行分离鉴定。

1.2.2 真菌的分离、纯化和保存

在无菌条件下，将采回样本 28℃培养 7 天。挑取优势生长菌株接种于纯化培养基上进行纯化培养。纯化 2—3 次后将菌株接种于试管斜面保藏培养基上，4℃保藏。

1.2.3 真菌的形态观察

采用载片培养法[1]，取 20μL 已纯化菌液接种于放有查氏培养基的载玻片上，28℃黑暗条件培养，在培养不同时间取出样品，用显微镜观察、测微、拍照。

1.2.4 生长温度范围和生长速率的测定

分别设置 5℃、10℃、15℃、20℃、25℃、30℃、35℃ 和 40℃ 8 个温度梯度，将已活化好的菌株接种于装有 150mL 查氏液体培养基的三角瓶中，放有玻璃珠将真菌打散，在不同温度每分钟 180 转黑暗条件下振荡培养 6 天后，用 4 层纱布过滤，45℃烘干称重，计算菌丝净重量，确定最低、最适宜及最高生长温度，每处理 3 次重复；日生长速率以 30℃黑暗条件下菌丝干重除以天数的值来表示（g/d）（最适宜生长温度曲线见图 3-1）。

1.2.5 PCR 扩增核糖体 DNA-ITS

真菌 DNA 提取：从玻璃纸上刮取的菌体，用液氮研磨，取 0.2g 于 EP 管中。分别加 500μL 的 TE 提取液、125μL SDS 和 300μL 氯化苄原液振荡、混匀。50℃水浴 1h，隔 10min 混匀 1 次。取出后加 NaAc 300μL，冰浴

15min。9000rpm，4℃离心 10min，取上层清液。加等体积的异丙醇，室温沉淀 30min。12000rpm，4℃离心 10min。用 70% 乙醇洗沉淀 2 次，干燥至管底 DNA 内无酒精残留。将产物溶于 40—50μL TE 保存液，在 -20℃冰箱中保存。

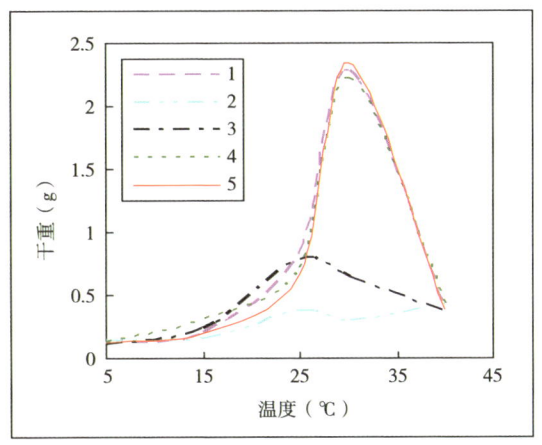

图 3-1　真菌温度生长曲线

ITS 基因片段的 PCR 扩增及测序：在 0.8% 琼脂糖凝胶电泳上检测提取到的 DNA 纯度。

PCR 反应体系（50μL）：ITS1 1μL，ITS4 1μL，ExTaq 酶 1μL，10×buffer 5μL，dNTP 1μL，DNA 模板 2μL，ddH$_2$O 39μL。PCR 循环过程：（1）95℃预变性 3min。（2）95℃变性 45s。（3）56℃退火 45s。（4）72℃延伸 45s。（5）重复步骤（2）—（4）。共 33 个循环。（6）72℃延伸 10min。

PCR 扩增产物的检测：取 2μL 产物加 6× loading buffer，于含 EB 的 0.8% 琼脂糖凝胶电泳上 100V 电泳 20min，在紫外灯下观察结果。所得的 PCR 产物送测序公司（上海生工）进行测序，并对已经测好的结果在 NCBI 网站（http：//www.ncbi.nlm.nih.gov）上进行比对。

1.2.6　DNA-ITS 序列同源性比较和聚类分析

将待测菌株的 ITS 序列提交至 GenBank 核苷酸数据库中进行同源性比较，采用 DNAMAN 6.0 软件对所测菌株与 GenBank 中的同源性最高的 ITS 序列进行对比，采用 Mega 4 软件构建进化树。

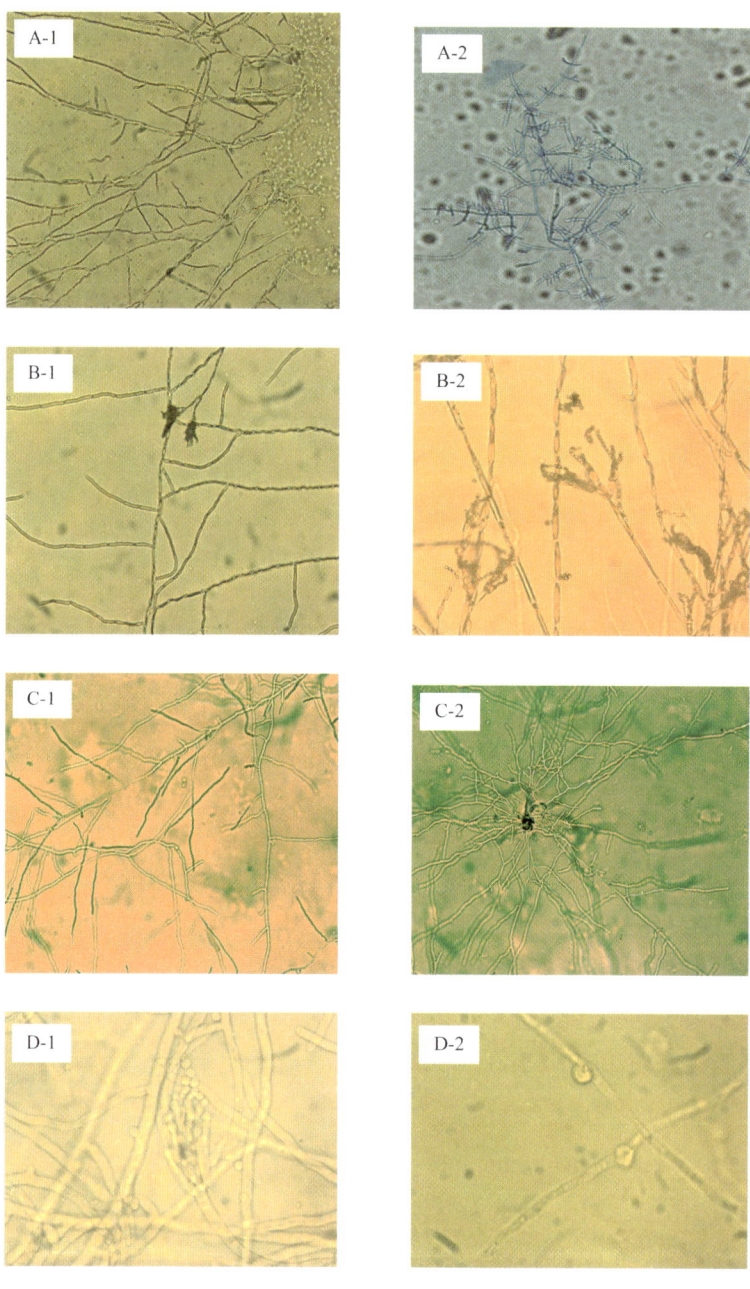

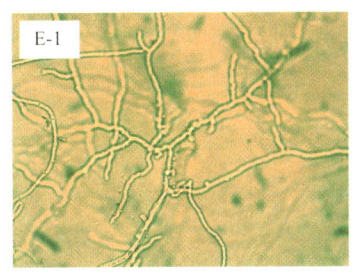
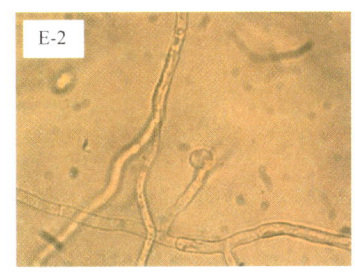

图 3-2　分离出菌株的形态特征

A：1 号菌　B：2 号菌　C：3 号菌　D：4 号菌　E：5 号菌

2　结果与讨论

2.1　筛选分离纯化结果

在室内分离和培养条件一致的情况下，从空气和文物样本中分离纯化出 50 株真菌，对其中 5 株优势菌株做了重点分析。5 株真菌经形态学及分子生物学的方法鉴定属于青霉属中不同的种。

2.2　真菌的培养性状及形态特征描述

1 号菌和 2 号菌在查氏平板培养基上菌落初期呈绿色粉状，低矮，后期由于产生色素，颜色也逐渐由浅色转变为蓝绿色，致使菌落及培养基呈黄绿色。菌丝无色、发达，有隔膜，由中心向外发散；分生孢子梗单枝，较长，无足细胞，有横隔膜；孢子梗顶端不膨大，排列成扫帚状的间枝，分枝 1 次或 2 次，顶层为小梗，上分生孢子串，分生孢子串呈不分枝的链状；扫帚状枝较短，排列紧密。菌丝宽 3.63—5.09μm，平均 4.30μm。有孢子囊形成。用菌丝先端切割获得的纯菌系在常温下培养极易形成大量有性菌态；为同宗配合菌。藏卵器为光滑球形，有顶生也有尖生。藏卵器直径 15.93—19.28μm，平均 17.62μm。每一藏卵器上的雄器数目为 1—3 个，多同丝生，少异丝生，雄器不分枝或分枝，有较长的柄。卵孢子球形，直径 2.11—2.59μm，平均 3.15μm，孢子囊串成或大或小的复合体，能产生游动孢子。对该真菌的菌落特征和显微特征初步鉴定为半知菌纲，丛梗孢目，丛梗孢科，青霉族，青霉属。1号菌的形态特征见图3-1 A。

3号菌和4号菌在查氏平板培养基上菌落初为浅草绿色粉状，低矮，后期因形成大量卵孢子致使菌落及培养基呈黄绿色。菌丝发达，有不规则分枝，宽3.93—5.87μm，平均3.93μm。有孢子囊形成。藏卵器为光滑球形，有顶生也有尖生。藏卵器直径15.57—18.28μm，平均17.42μm。卵孢子呈球形，直径1.95—4.11μm，平均2.69μm。整个菌丝连孢子呈扫帚状，为典型的青霉属。3号菌的形态特征见图3-1 C。

5号菌菌丝宽3.61—5.03μm，平均4.17μm，不规则分枝。藏卵器为光滑球形，有顶生也有尖生。藏卵器直径15.30—18.26μm，平均16.26μm。卵孢子呈球形，直径1.62—2.24μm，平均1.92μm，整个菌丝连孢子呈扫帚状，为典型的青霉属。5号菌的形态特征见图3-1 E。

2.3 生长温度范围和生长速率的测定

生长温度范围研究表明，大部分菌株在10—40℃的温度范围内均能生长，其中最低生长温度10℃，适宜生长温度范围为20—35℃，最高生长温度40℃，最低和最高温度时生长缓慢。除2号菌和3号菌之外，1、4、5号菌的温度生长曲线接近，最适生长温度都在30℃，2号菌和3号菌的最适生长温度为25℃。由此值可知，如果有这几种真菌出现时，在条件允许情况下可以把室内温度调节在10℃，能相对控制真菌的生长速度，此方法简单、宽松，方便采纳。

2.4 分子生物学鉴定结果

用ITS1和ITS4为测序引物，PCR纯化产物直接进行双向测序并拼接输出全序列，获得了500—600bp的rDNA-ITS全序列长。用Blast对5种霉菌的ITS序列与GenBank中已有的ITS序列进行比对，结合形态鉴定，最终确定1号菌为青霉属Penicillium chrysogenum（AY373902），2号菌为青霉属Penicillium granulatum（DQ681334），3、4号菌为青霉属Penicillium sp.（AB468053），5号菌为青霉属Penicillium radicum（EU262660）。5种霉菌的测序结果如下：

1号菌　CTTCCGTAGGGTGAACCTGCGGAAGGATCATTACCGAGTGAGG
GCCCTCTGGGTCCAACCTCCCACCCGTGTTTATTTTACCTTGTTGCTTCGGCGG
GCCCGCCTTAACTGGCCGCCGGGGGCTTACGCCCCGGGCCCGCGCCCGCC
GAAGACACCCTCGAACTCTGTCTGAAGATTGTAGTCTGAGTGAAAATATAAA
TTATTTAAAACTTTCAACAACGGATCTCTTGGTTCCGGCATCGATGAAGAACG
CAGCGAAATGCGATACGTAATGTGAATTGCAAATTCAGTGAATCATCGAGTC
TTTGAACGCACATTGCGCCCCTGGTATTCCGGGGGGCATGCCTGTCCGAGC
GTCATTGCTGCCCTCAAGCACGGCTTGTGTGTTGGGCCCCGTCCTCCGATCCC
GGGGACGGGCCCGAAAGGCAGCGGCGGCACCGCGTCCGGTCCTCGAGCGT
ATGGGCTTTGTCACCCGCTCTGTAGGCCCGGCCGGCGCTTGCCGATCAACCC
AAATTTTATCCAGGTTGACCTCGGATCAGGKAGGGATACCGCTGAACTTA
AGCATATCAATAAGAGGAGGAAAC

2号菌　CTTCCGTAGGGTGAACCTGCGGAAGGATCATTACCGAGTGAGG
GCCCTCTGGGTCCAACCTCCCACCCGTGTTTATTTTACCTTGTTGCTTCGGCGG
GCCCGCCTTAACTGGCCGCCGGGGGCTTACGCCCCGGGCCCGCGCCCGCC
GAAGACACCCTCGAACTCTGTCTGAAGATTGTAGTCTGAGTGAAAATATAAA
TTATTTAAAACTTTCAACAACGGATCTCTTGGTTCCGGCATCGATGAAGAACG
CAGCGAAATGCGATACGTAATGTGAATTGCAAATTCAGTGAATCATCGAGTC
TTTGAACGCACATTGCGCCCCTGGTATTCCGGGGGGCATGCCTGTCCGAGC
GTCATTGCTGCCCTCAAGCACGGCTTGTGTGTTGGGCCCCGTCCTCCGATCCC
GGGGACGGGCCCGAAAGGCAGCGGCGGCACCGCGTCCGGTCCTCGAGCGT
ATGGGCTTTGTCACCCGCTCTGTAGGCCCGGCCGGCGCTTGCCGATCAACCC
AAATTTTATCCAAGGTTGACCTCGGATCAGGTAGGGATACCGCTGAACTTA
AGCATATCAATAAGCGGAGAAAAC

3号菌　CTTCCGTAGGTGAACCTGCGGAAGGATCATTACCGAGTGAGGG
CCCTCTGGGTCCAACCTCCCACCCGTGTTTATTTACCTTGTTGCTTCGGCGGGC
CCGCCTCACGGCCGCCGGGGGCATCTGCCCCGGGCCCGCGCCCGCCGAAG
ACACCATTGAACTCTGTCTGAAGATTGCAGTCTGAGCGATTAGCTAAATCAG
TTAAAACTTTCAACAACGGATCTCTTGGTTCCGGCATCGATGAAGAACGCAG

CGAAATGCGATACGTAATGTGAATTGCAGAATTCAGTGAATCATCGAGTCTT
TGAACGCACATTGCGCCCCTGGTATTCCGGGGGCATGCCTGTCCGAGCGT
CATTGCTGCCCTCAAGCACGGCTTGTGTGTTGGGCCCGCCCCCGGTCCGG
GGGCGGGCCCGAAAGGCAGCGGCGGCACCGCGTCCGGTCCTCGAGCGTAT
GGGCTTTGTCACCCGCTCCGTAGGCCCGGCCGGCGCCCGCCGGCGACCCC
AATCAATCTATCCAGGTTGACCTCGGATCAGGTAGGGATACCGCTGAACTT
AAGCATATCAATAAGCGGAGGAA

4号菌　CTTCCGTAGGGTGAACCTGCGGAAGGATCATTACCGAGTGCGG
GKTCTCACGAGCCCAACCTCCCACCCGTGTTTACCGTTACCGCGTTGCCTCGG
CGGGCCCACTGGGGCCTGGCCCCGGTCGCCGGGGGCTTCTGCCCCGGCC
CGCGCCCGCCGACGCACCCTAGAACCCTGCCTGAATAGTGAGTCTGAGTGAG
ATTTGAAATCATTAAAACTTTCAACAACGGATCTCTTGGTTCCGGCATCGATG
AAGAACGCAGCGAAATGCGATAAGTAATGTGAATTGCAGAATTCCGTGAATC
ATCGAATCTTTGAACGCACATTGCGCCCCTGGCATTCCGGGGGCATGCCT
GTCCGAGCGTCATTTCTGCCCTCCAGCACGGCTGGGTGTTGGGCGCTGTCCCC
CCGGGGACACGCCCCAAAAGCAGTGGCGGCGCCGCGTCGGGTCCTCGAGCG
TATGGGGCTTTGTCACCCGCTCGGGAGGACTCGGTCGGCGCTGGTCTTCCCT
TTAGGCCGCCCTTCGGGGTGCGCCTCTTCCGGTTGACCTCGGATCAGGTAGGG
CTACCCGCTGAACTTAAGCATATCAATAAGCGGAGGAA

5号菌　CCTCTTCTCGTAAGGGTACCTGCGGAAGGATCATTACCGAGTGAG
GGCCCTCTGGGTCCAACCTCCCACCCGTGTTTATTTACCTTGTTGCTTCGGCG
GGCCCGCCTCACGGCCGCCGGGGGGCATCTGCCCCCGGGCCCGCGCCCGCCG
AAGACACCATTGAACTCTGTCTGAAGATTGCAGTCTGAGCGATTAGCTAAAT
CAGTTAAAACTTTCAACAACGGATCTCTTGGTTCCGGCATCGATGAAGAACG
CAGCGAAATGCGATACGTAATGTGAATTGCAGAATTCAGTGAATCATCGAGT
CTTTGAACGCACATTGCGCCCCTGGTATTCCGGGGGCATGCCTGTCCGAGC
GTCATTGCTGCCCTCAAGCACGGCTTGTGTGTTGGGCCCCGCCCCCGGTCCC
GGGGGCGGGCCCGAAAGGCAGCGGCGGYMYCGCGTCCGGTCCTCGAGCGT
ATGGGGCTTTGTCACCCGCTCCGTAGGCCCGGCCGGCGCCCGCCGGCGACCC

CCAATCAATCTATCCAGGTTGACCTCGGATCAGGTAGGGATACCCGCTGAACTTAAGCATATCGAAAAACGGAGGAAG

2.5 序列的同源性比较和聚类分析

将测序结果上下游进行拼接后与核苷酸数据库中的真菌系列进行同源性比较，采用 DNAMAN 和 MEGA 4.0 软件对所测菌株与 Genbank 中的同源性最高的真菌的 ITS 序列进行聚类分析，构建同源树见图 3-3。

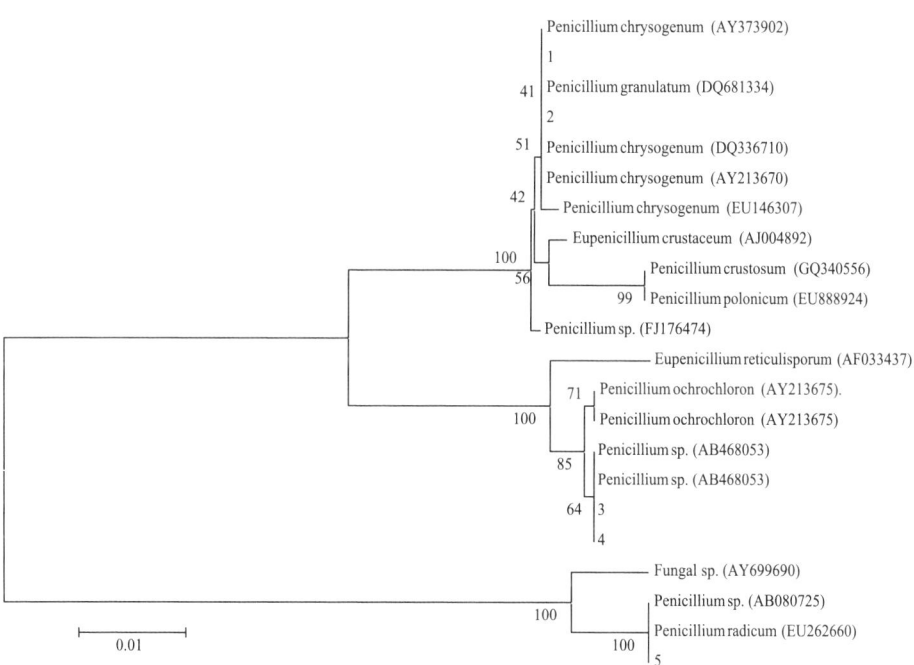

图 3-3　5 种菌株与 Genbank 同源性较高的 rDNA-ITS 序列的聚类分析树状图

由图可见，1号菌与2号菌同源性为96.79%。1号菌与Penicillium chrysogenum（AY373902）的同源性为99.49%。2号菌与Penicillium granulatum（DQ681334）的同源性为98.13%，与Penicillium chrysogenum（AY373902）的同源性为98.98%，结合形态特征、培养性状、生长速度等，2号菌鉴定为Penicillium chrysogenum。

3号菌与4号菌的同源性为98.13%。3号菌、4号菌与Penicillium sp.（AB468053）的同源性为99.53%。其中，3号菌与Penicillium sp.（AB468053）的同源性为100%。4号菌与Penicillium sp.（AB468053）的相似性为98.13%，结合形态特征、培养性状、生长速度等，3号菌鉴定为Penicillium sp.（AB468053）。

5号菌与Penicillium radicum（EU262660）的同源性为99.67%，但是由于网上的Penicillium radicum（EU262660）关于这段序列的基因片段较长，不能作为一个指定的指标。结合形态特征、培养性状、生长速度等，5号菌鉴定为Penicillium radicum（EU262660）。

3 结论

众所周知，青霉属真菌营腐生生活，可以生长在各种潮湿的有机物上，而且这类菌的菌丝体生在表面或者深入物体内部，对其生长环境破坏较大。本文以首都博物馆馆内空气、展厅文物为样本，对其中的真菌进行分离和鉴定。在形态鉴定的基础上，应用DNA-ITS序列分析技术鉴定分离出的5株真菌菌株全为青霉属，通过同源聚类分析，发现这些菌株具有较近的亲缘关系，为考古界及文物上微生物鉴定提供了有效的参考，同时可使防霉和抑制真菌生长更具针对性。本文还由温度梯度实验得到了分离出的真菌适宜生长温度范围，该数据为防霉和保存文物提供了科学依据，我们在以后文物保护过程中可以针对其特性，除了药物防杀外，还可创造低温、低氧、干燥的环境进行物理防治，这样能最大限度地减少霉菌类微生物对文物的损害，延缓文物蜕变，延长文物寿命，尽可能保存其在科学、历史、艺术等领域的价值。

参考文献

[1] 中国科学院微生物研究所编写组. 1973, 普通真菌学 [M]. 北京: 科学出版社, 267 – 268.

第四章 首都博物馆空气细菌的分离鉴定及在文物保护中的意义

本文采用微生物学方法检测首都博物馆内空气中细菌的种类,从采集到的样本中分离培养出 28 株优势细菌样本,分别从形态学、生理生化、分子生物学等几个方面进行了鉴定,并根据形态和生理生化结果讨论了细菌对文物可能造成的危害。

1 实验材料

JWL-IIC 型撞击式多功能空气微生物检测仪,Thermo Scentifid 1358 型生物安全柜,Eppendorf centrifuge 5810R 型离心机,3M Climacell 222 恒温恒湿培养箱,3M Ven 222 型干燥箱,Sanyo MLS-3750 型灭菌锅,Innova 43/43R 摇床,IKA MS 3 basic 型旋涡混合仪,PE 9600 型扩增仪等。生理生化实验所用试剂的配制方法见文献[1],其他试剂为分析纯或生化试剂。

2 实验方法

2.1 空气采样

首都博物馆内空气中细菌的采集:采用 JWL-IIC 型撞击式多功能空气微生物检测仪,该取样器采样时空气流量为 20L/min,采样时间 5min。

2.2 细菌分离培养及菌种保存

将采集到的空气微生物样本进行培养后,挑取具有明显细菌形态特征的样本进行纯化,培养 24—48 小时后,将其转入液体培养基中,在 28℃下,200 转/分钟条件下振荡培养 18—24 小时,加入 5—10mL 甘油,放入 -20℃冰箱中保存。

2.3 形态学鉴定

将分离出的 28 株优势细菌分别接种于蛋白胨牛肉汤液体培养基中,28℃下,200 转/分钟振荡培养 18—24 小时,革兰氏染色后在显微镜下观察细菌的形状、大小、排列方式等特征。

2.4 生理生化鉴定

2.4.1 氧化酶测定

在干净的培养皿内放一张滤纸片,滴加氧化酶试剂,使滤纸浸湿,取菌液涂在滤纸上,氧化酶使细胞色素 C 氧化,10 秒内出现红色者为阳性,10—60 秒内出现红色的为延迟反应,60 秒后出现红色的为阴性。

2.4.2 过氧化氢酶测定

取干净的载玻片,滴一滴过氧化氢酶试剂,将室温培养菌液涂抹在试剂上,若有气泡产生,则过氧化氢酶试验为阳性,无气泡者为阴性。

2.4.3 葡萄糖利用实验

取测试菌接种到培养皿内,28℃培养 1—14 天后观察,当该菌利用葡萄糖产酸时,会使培养基呈黄色,为阳性。反之培养基仍为蓝绿色,为阴性。

2.4.4 M. R. 实验

将待测菌液中加入一滴甲基红试剂,细菌在分解葡萄糖过程中会产生大量酸性产物,如乳酸、琥珀酸、醋酸和甲酸等,液体变为红色为阳性反应,变为黄色为阴性反应。

2.4.5 V. P. 实验

将待测菌液和 40% 氢氧化钠等量混合。细菌能分解葡萄糖产生丙酮酸,缩合后在强碱作用下被空气氧化为二乙酰，加少许肌酸，两者反应10分钟，如培养液出现红色，即为 V. P. 试验为阳性，否则为阴性。

2.4.6 淀粉水解实验

培养基倒在平板，取18—24小时的测试菌点种，28℃培养2—4天后，加入碘液，菌落周围如有不变色透明圈，表示淀粉水解呈阳性，说明细菌产生淀粉酶将淀粉水解为糖。反之为蓝黑色，则表示淀粉水解呈阴性。

2.4.7 纤维素水解实验

将纤维素水解培养基分装试管，以新华一号滤纸作为纤维素（碳源），加入试管中，一半在液内，一半露在液面外，将待鉴定的菌株接种在液面外的一段滤纸条上，3次重复，置28℃环境中培养1—2周后观察。若该菌能将滤纸分解成一团松散纤维或使之折断，碎裂成粉状者为阳性，说明该菌株产生纤维素酶，使之水解；反之，滤纸条无变化者为阴性，说明细菌不产生纤维素酶。

2.4.8 硝酸盐还原实验

取1mL待测菌液，滴加Griess试剂A液和B液各一滴，溶液变为粉红色、玫瑰红色、橙色或棕色等表示硝酸盐还原呈阳性，说明细菌可将硝酸盐还原为亚硝酸盐、氨或氨气等。若无红色出现，加入1—2滴二苯胺试剂，如呈蓝色，则为阴性。

2.4.9 吲哚实验

在振荡摇起的待测菌液中，沿管壁缓缓加入3—5mL吲哚试剂于培养液表面，在液层界面产生红色为阳性反应，说明细菌能分解蛋白胨中的色氨酸生成吲哚；否则为阴性。

2.4.10 厌氧性测定

将测试菌穿刺接种于培养基中，分别在第3天、第7天观察结果，仅在琼脂表面生长为阴性，如果能在琼脂表面上和表面以下的穿刺线上生长为阳性。

2.5 分子生物学方法鉴定

2.5.1 细菌总 DNA 的提取

将菌株分别接种于 5mL 牛肉膏蛋白胨培养基中，在 28℃恒温摇床中 160rpm 培养 24h。取 1.4mL 菌悬液加入 1.5mL 的 EP 管中，10000rpm 离心 5min。弃上层清液，收集菌体。向菌体中加入 1mL 的生理盐水洗两次，10000rpm 离心 5min。475μL TE 缓冲液（pH8.0）重悬菌体，加入 25μL 10% SDS，100μL 蛋白酶 K（0.5mg/mL），混匀于 55℃恒温水浴锅中 1h。加入等体积（600μL）饱和酚，混匀，静置 2min。10000rpm 冷冻离心 5min，蛋白质沉于界面。取上层清液，加等体积氯仿，混匀，12000rpm 离心 10min，蛋白质沉于界面。重复上述过程一次。最后取上层清液，加 1/10 体积的 3M 乙酸钠（pH5.2），2.5 倍体积无水乙醇混匀后置 -20℃冰箱过夜。次日取出 10000rpm 离心 15min，弃上层清液，用 70% 乙醇洗两次，干燥约 30min 至管底 DNA 内无酒精残留。取 40—50μL 无菌蒸馏水溶解，置 -20℃冰箱保存。

2.5.2 16S rDNA 的 PCR 扩增

本试验所用引物为通用引物，正向引物为 27f（对应于 E·coli 8-27 位碱基）：ITS1 5-TCC GTA GGT GAA CCT GCG G-3，反向引物为 1492r（对应于 E·coli 1492-1514 位碱基）：ITS 4 5-TCC GCT TAT TGA TAT GC-3。PCR 扩增过程见文献[1]，PCR 产物直接测序。

2.5.3 序列分析

将获得的 DNA 序列输入 Genbank，用 BLAST 方式将测定的序列与 Genbank 中的序列比较，获得和试验菌株序列相似度最高的菌株。

3 结果与讨论

3.1 形态学鉴定

对博物馆内空气细菌采样并分离培养，选出优势细菌 28 株观察其形态。在牛肉膏蛋白胨培养基上，细菌产生的色素各不相同，颜色由白色到橘红色。菌落的透明度、厚度和湿润程度相对单一。显微形态包括细菌的形状、排列方式及大小，本研究中分离到的菌株形状主要分球菌和杆菌，球菌比例高于杆菌，约占三分之二。球菌的排列方式有双球、联球和葡萄球状等，大部分直径在 1—2μm 之间；杆菌排列方式简单，有单杆和双杆两种，长约 4μm，宽约 1.5μm。革兰氏染色发现阳性菌明显多于阴性菌，阳性菌约占 89%，阴性菌约占 11%。形态特征统计结果见表 4-1。图 4-1 为部分细菌的单菌落照片，包括 5 号、18 号、24 号和 28 号菌，颜色各异，但其他固体培养特征均相同。图 4-2 为部分菌革兰氏染色后的显微照片，1 号（革兰氏阳性杆菌）、27 号（革兰氏阴性杆菌）、9 号（革兰氏阳性球菌）、26 号（革兰氏阴性球菌），放大倍数均为 10×100。

表 4-1 分离菌株的形态学鉴定结果

编号	固体培养特征						显微形态				革兰氏染色
	菌落大小（mm）/生长时间（h）	颜色	透明度	边缘	高度	形状	湿润	形状	排列方式	长（um）	宽（um）	
1	2.0/58	白	透明	不齐	平	不规则	湿润	杆状	单杆	4.23	1.58	+
2	1.8/58	白	透明	不齐	平	不规则	湿润	杆状	单杆	4.56	1.43	+
3	1.7/48	白	透明	不齐	平	不规则	湿润	杆状	单杆	4.06	1.26	+
4	1.1/48	浅棕	不透明	不齐	隆起	圆	湿润	杆状	单杆	5.21	1.62	+
5	0.7/88	乳黄	不透明	齐	隆起	圆	湿润	球状	四联球状	1.34		+
6	0.8/48	乳黄	不透明	齐	平	圆	湿润	球状	四联球状	1.25		+
7	2.9-1.5/41	乳白	不透明	不齐	隆起	圆	湿润	杆状	单杆	4.12	1.34	+
8	4.5/41	淡黄	不透明	不齐	隆起	圆	湿润	球状	双杆成链	3.64	2.04	+
9	5.2/41	淡黄	不透明	齐	隆起	圆	湿润	球状	链球状	1.85		+
10	3.3/41	浅棕	不透明	不齐	隆起	圆	湿润	杆状	单杆	4.21	1.50	+

续表

编号	固体培养特征							显微形态				革兰氏染色
	菌落大小(mm)/生长时间(h)	颜色	透明度	边缘	高度	形状	湿润	形状	排列方式	长(um)	宽(um)	
11	0.5/88	白	不透明	齐	隆起	圆	湿润	杆状	单杆或双杆	8.7	1.69	+
12	1.3/88	白	不透明	齐	隆起	圆	湿润	球状	四联球状	1.52		+
13	1.1/58	淡黄	不透明	齐	隆起	圆	湿润	球状	链球状	1.66		+
14	1.0/88	白	不透明	齐	隆起	圆	湿润	球状	双球	1.47		+
15	1.0/88	肉色	不透明	齐	隆起	圆	湿润	球状	双球	2.34		+
16	2-0.54/48	橘红	不透明	齐	隆起	圆	湿润	球状	链球状	2.24		+
17	3.5/41	淡黄	不透明	齐	平	圆	湿润	杆状	单杆或双杆	8.14	1.64	+
18	1.1/58	黄	不透明	齐	隆起	圆	湿润	球状	链球状	1.45		+
19	3.8/41	肉色	不透明	齐	隆起	圆	湿润	球状	链球状	1.72		+
20	3.9/58	乳黄	不透明	齐	平	圆	湿润	球状	四联球状	1.49		+
21	1.0/58	橘红	不透明	齐	隆起	圆	湿润	球状	四联或链状	1.89		+
22	0.9-1.5/48	黄	不透明	齐	隆起	圆	湿润	球状	双球	1.39		+
23	1.3/88	白	透明	齐	隆起	圆	湿润	球状	葡萄状	1.21		+
24	3.9/41	浅棕	不透明	不齐	隆起	不规则	湿润	球状	链球状	2.57		+
25	1.0/88	白	透明	齐	平	圆	湿润	球状	葡萄状	1.56		-
26	0.8/88	白	透明	不齐	平	不规则	湿润	球状	四联球菌	4.24		-
27	0.7/88	白	透明	不齐	平	不规则	湿润	杆状	单杆	4.58	1.64	-
28	0.6/88	白	透明	不齐	平	圆	湿润	球状	双球	2.08		+

注：+ 为阳性；- 为阴性。

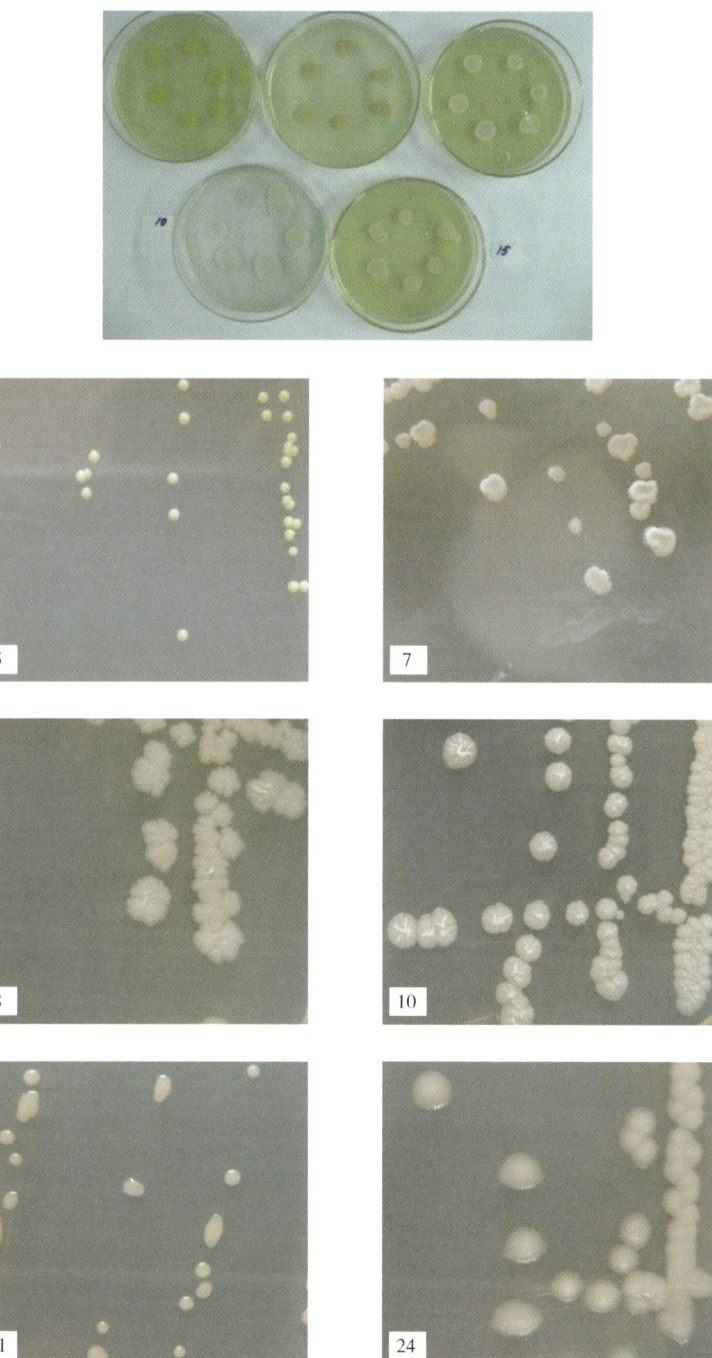

上篇 微生物的统计及鉴定 | 47

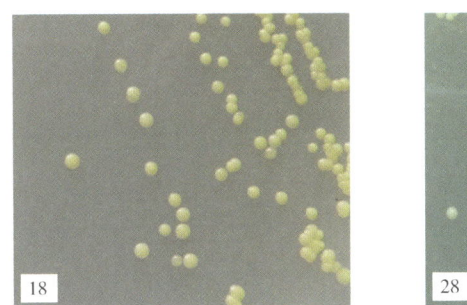
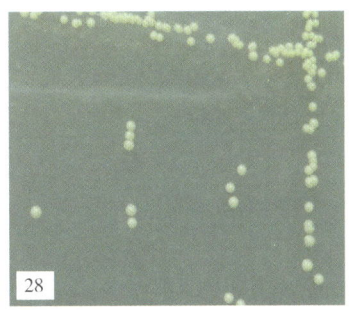

图 4-1 部分菌株单菌落

(图中数字为样品编号，详见表 4-1)

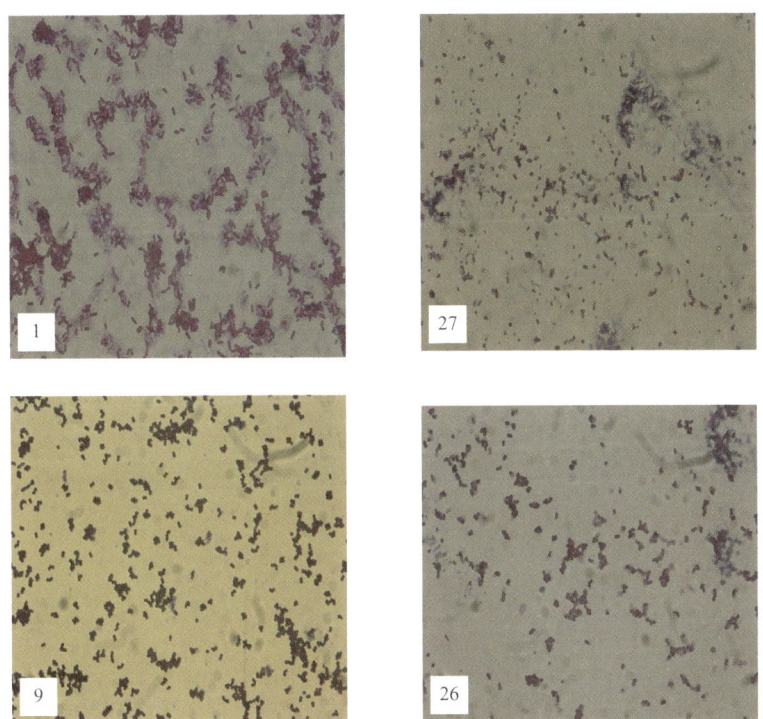

图 4-2 部分菌株革兰氏染色显微照片（放大倍数为 10×100）

(图中数字为样品编号，详见表 4-1)

3.2 生理生化鉴定

由于各种细菌具有不同的酶系统，致使它们能利用不同的底物，或虽然可以利用相同的底物，却产生不同的代谢产物，而且细菌很多生理生化特征是比较稳定的，因此利用各种生理生化反应来鉴别细菌已成为细菌分类鉴定中的重要依据之一。每种细菌的生理生化指标不相同，其结果一方面可作为细菌的鉴定依据，另一方面为文物保护提供参考。本实验结合文物特点测定了细菌的10项生理生化指标，见表4-2。

表4-2 分离菌株生理生化鉴定结果

编号	氧化酶	过氧化氢酶	葡萄糖	M.R.	V.P.	淀粉水解	纤维素水解	硝酸盐还原	吲哚	厌氧性
1	+	+	+	-	-	-	-	+	-	-
2	+	+	+	-	-	-	-	-	-	-
3	-	-	-	-	-	-	-	+	-	-
4	-	-	-	-	-	-	-	+	-	-
5	+	+	-	-	-	-	-	-	-	-
6	-	+	-	-	-	-	-	-	-	-
7	+	+	-	-	-	-	-	+	-	-
8	+	+	-	-	-	+	+	+	-	-
9	-	+	-	-	-	+	+	-	-	-
10	+	+	-	-	-	-	-	+	-	-
11	-	+	+	-	+	-	-	-	-	-
12	-	-	-	-	-	-	-	+	-	-
13	-	+	-	-	-	-	-	-	-	-
14	-	+	-	-	+	-	-	+	-	-
15	-	-	-	+	-	-	-	-	-	-
16	-	+	-	+	-	+	-	+	-	-
17	-	+	-	-	-	+	-	+	-	-
18	-	+	-	-	-	-	-	-	-	-
19	-	+	-	-	-	+	+	-	-	-

续表

编号	氧化酶	过氧化氢酶	葡萄糖	M. R.	V. P.	淀粉水解	纤维素水解	硝酸盐还原	吲哚	厌氧性
20	−	+	−	−	−	−	−	−	−	−
21	−	+	−	−	+	+	−	+	−	−
22	−	+	+	−	−	−	−	−	−	−
23	−	+	−	−	+	−	−	+	+	−
24	+	−	+	−	−	+	+	−	−	−
25	−	−	−	−	−	−	−	−	−	−
26	−	−	+	−	−	−	−	−	−	−
27	−	−	−	−	−	−	−	−	−	−
28	−	−	+	−	−	−	−	−	−	−

注：+ 为阳性，− 为阴性。

过氧化氢酶实验

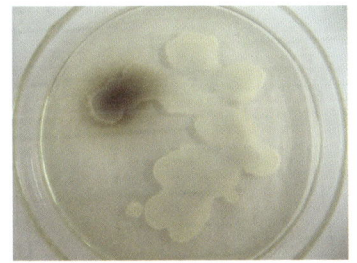

淀粉水解实验

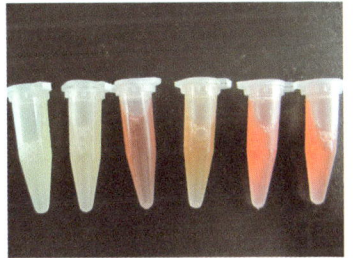

硝酸盐还原实验

吲哚实验

图 4-3　生理生化实验结果

3.3　分子生物学方法鉴定分离菌株

对 28 株细菌的 16S rDNA 序列与 Genbank 中已知序列进行对比，依据比对结果，得到菌株的鉴定结果见表 2-1。

3.4　菌株鉴定在文物保护中的应用

首都博物馆有其自身的特点，馆内文物种类较多，弥足珍贵，其中有机质文物主要以书画和丝织品为主，细菌的代谢产物会对这些文物造成难以弥补的损害。空气中悬浮的细菌只要在温度和湿度符合、环境相对密闭并有营养源条件下就会沉积到文物表面生长繁殖，根据形态学鉴定，多数细菌生长繁殖后表现为不同颜色，会产生色素，影响文物外观，并很难彻底清除。生理生化实验在佐证细菌种类的同时，可说明细菌的生理生化特点，根据这些特点可明确哪些细菌对文物存在危害。本文针对文物特点做了 10 项生理生化实验。其中细菌对氧化酶和过氧化氢酶类反应为阳性者，说明细菌能产生氧化性物质。实验结果证明 28 株菌为好氧菌，在新陈代谢过程中释放出能量，一部分维持细菌的生命活动，另一部分以热的形式散发出来，使有机质特别是通风不好的夹层发潮发热，温度和湿度上升，微生物的生长繁殖增快，形成恶性循环，对文物的破坏也加速。这些损害是除了温度、光照、水、火等物理损害外影响文物的主要因素。对 28 株细菌做的 10 项生理生化实验结果不一，根据鉴定出细菌的生理生化特点可以采取相应的保护措施和手段。

4　结论

本研究对首都博物馆内空气微生物中细菌进行分离培养后，通过形态学、生理生化、分子生物技术鉴定了 28 株优势细菌，根据结果判断首都博物馆内微球菌属、芽孢杆菌属、考克氏菌、假单胞菌属为优势菌，占有相当高的比例，这些细菌均为空气中常见菌，且大多为条件致病菌，一般情况下对人员不构成威胁。本研究还分别从细菌的形态学和生理生化角度讨论了其对文物构成的不同程度的潜在危害。以上结果为识别首都博物馆空气中细菌的种类及其对文物的潜在危害提供了可靠的依据，同时也为文物保护提供了必要的技术支持。

参考文献

[1] 孙倩. 85 株具有抗菌或细胞毒活性海洋细菌的分类鉴定 [D]. 硕士学位论文，华南热带农业大学，2007，20-21.

第五章　文物上霉菌的分离及分子生物学鉴定

有机质文物是各种霉菌的营养基。在通风不良、阴暗、潮湿、温度偏高、空气中灰尘较多等环境条件下储存时，文物极易滋生霉菌。霉菌可产生一些有色霉斑，并分泌有机酸，会严重污染文物表面，导致霉烂，一触即碎；霉菌在吸取营养物质的同时还会分泌黏液，使纺织品、纸质品等相互粘连，使文物原有的科学价值、艺术价值和历史科学价值丧失殆尽，甚至永远消失。治病需先知病因，不同霉菌可能需要不同的抑菌药剂。在不同的生态环境下，构成的微生物种群也不相同，因此，也会产生不同的次级代谢产物[1]。本文提到的真菌样本皆来源于出土文物，因为其菌株的未知性，首先需要对已分离的菌株进行分类鉴定，确定其种属，为霉菌防治和文物保护提供科学依据。对已得到的菌株，通过菌落形态特征、培养特性和 DNA－ITS 序列分析等方法进行研究分析。根据霉菌鉴定结果，也可以为考古发掘提供、探索更充足的墓葬信息。因此，对文物上的霉菌进行分离和鉴定具有重要意义。

1　材料与方法

1.1　实验材料

同第三章 1.1。

1.2 实验方法

1.2.1 样品的采集

将采集样品所需的用具灭菌。将考古发掘现场的棺木原封不动搬回整理室时,在打开棺木的第一时间采集样品,分别放在灭菌的离心管中,标明编号、地点、采集时间等,带回实验室供分离用。图 5-1 为采样现场。

图 5-1 采样现场图

1.2.2 霉菌的分离、纯化和保存

在无菌条件下,取少量采集到的水样、泥样放入 50mL 灭菌三角瓶中,用无菌水稀释,取稀释液 0.2mL 涂布于分离培养基上,28℃培养 3 天。选取优势生长菌株接种于纯化培养基上进行纯化。纯化 5—6 次后将菌株接种于试管斜面,4℃保藏。

1.2.3 霉菌的形态观察

采用载玻片培养法[2],用接种环刮取少量已纯化菌株移入到查氏液体培养基中,其中放有玻璃珠将霉菌打散,28℃ 180r/min 振荡培养得到均匀菌液。取 20μL 菌液接种于放有查氏培养基的载玻片上,盖上盖玻片,28℃黑暗条件培养,2 天后观察记录菌落形态、菌丝状况。为更好地观察真菌的生长繁殖过程,在培养的不同时间取出样品,用显微镜观察、测微、拍照。

1.2.4 生长温度范围和生长速率的测定:过程同第三章 1.2.4。

1.2.5 PCR 扩增核糖体 DNA-ITS 霉菌 DNA 提取

用接种环刮取少量已纯化好的霉菌移入到查氏液体培养基中,其中放有玻璃珠，28℃180r/min振荡培养。2天后用50W超声波预处理霉菌培养液5min，25℃9000 rpm离心5min。取菌丝体约0.2g，转入1.5mL Ep管中，室温9000rpm离心5min，弃上层清液；收集沉淀，加入400μL提取液（100mmol/L Tris – HCl，40mmol/LEDTA，pH8.0）和80μL 10%（W/V）SDS溶液，240μL氯化苄溶液，在小型匀浆机上摇匀；65℃水浴1h，间隔10min轻轻摇匀一次；加入240μL 3mol/L醋酸钠溶液，冰浴15min，4℃，12000rpm，离心10min；取上层清液加入400μL水饱和酚，轻轻摇匀，4℃，12000rpm离心10min，取上层清液重复上一步骤，直至界面处无白色沉淀；取上层清液，加入等体积的异丙醇，轻轻摇匀，12000rpm，4℃，离心10min，得沉淀，加入30—40μL TE缓冲液。

ITS基因片段的PCR扩增及测序：同第三章1.2.5。

β – tubulin基因片段的PCR扩增及测序，同真菌DNA的提取及PCR扩增一致引物换作β – tubulin的引物对2S，2F。

1.2.6　DNA – ITS序列同源性比较和聚类分析：过程同第三章1.2.6。

2　结果与讨论

2.1　筛选分离纯化结果

在室内分离和培养条件一致的情况下，从所采集的水样和泥样中分离纯化到30株霉菌，对其中7株优势菌株进一步分析。

2.2　霉菌的培养性状及形态特征描述

1号菌株在查氏培养基上培养4天，可肉眼看到菌落中心有脐状突起，放射状皱纹少或者多，质地呈茸状或粉末状，有絮状物产生；分生孢子结构大量产生，灰绿或蓝绿色，分生孢子面近于深橄榄色；菌丝体白色。

2号菌株在查氏培养基上培养4天，可肉眼看到菌落有大量的放射短纹，边缘呈现瓣状，质地呈显著茸状，有絮状物产生；分生孢子结构大量产生，分生孢子面黄绿色或暗灰绿色；菌丝体淡黄色至灰黄色；分生孢子梗发生于基质，发生于气生菌丝者少，壁平滑；扫帚状双轮生，少量三轮生，彼此稍微岔开；分生孢子椭圆形，壁刺状粗糙；分生孢子链疏松。

3号菌株样品在查氏培养基上培养4天，可肉眼看到菌落有大量放射状皱纹，质地疏松，呈显著茸状或絮状；分生孢子结构大量产生，分生孢子面暗绿色或浅蓝绿色；菌丝体白色；分生孢子梗发生于基质，部分发生于气生菌丝，壁平滑；扫帚状单轮生；分生孢子近球形，壁刺状；分生孢子链呈现短而疏松的圆柱状。

4号菌株和7号菌株样品在查氏培养基上培养4天，可肉眼看到菌落有大量放射状皱纹或沟纹，质地呈显著茸状，有絮状物产生；分生孢子结构大量产生，分生孢子面黄绿色或蓝绿色；菌丝体白色或浅黄色；分生孢子梗发生于基质，壁平滑；扫帚状三轮生，少量两轮生，彼此稍岔开；分生孢子椭圆形或近球形，壁平滑；分生孢子链呈现岔开的圆柱状或不规则的圆柱状。

5号菌株和6号菌株样品在查氏培养基上培养4天，可肉眼看到菌落有少量放射状皱纹或近于平坦，质地呈茸状或粉状，有絮状物产生；分生孢子结构大量产生，分生孢子面灰绿色或灰蓝绿色；菌丝体白色至灰白色；有黄色渗出液。

图5-2为部分菌株生长在不同阶段的显微照片。

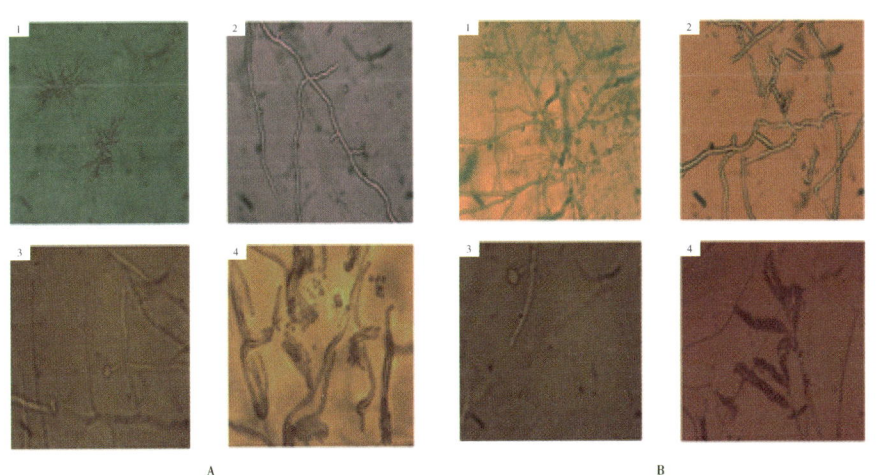

图5-2　部分菌株不同阶段生长图

说明：A为1号菌，B为3号菌，其中1、2为菌丝，3为藏卵器，4为卵孢子。

2.3 分子生物学鉴定结果

用 ITS1 和 ITS4 为测序引物，PCR 产物直接送公司进行双向测序并将得到的单向序列进行拼接，获得了 500—600bp 的 ITS 序列。将得到的 ITS 序列分别提交至 NCBI 网站上进行比对，1 号菌与 Penicillium polonicum strain C6（GU566221.1）同源性达到 100%。2 号菌与 Penicillium rugulosum strain D4（GU566230）同源性为 100%。3 号菌与 Penicillium sp.196F（AB468053）同源性为 100%。4 号菌与 Penicillium chrysogenum（AY373902）同源性为 99%。5 号菌和 6 号菌与 Penicillium dipodomyicola strain wxm127（HM037978）同源性分别达到 99% 和 100%。7 号菌与 Penicillium chrysogenum strain EN24S（GU985086）同源性达到 100%。结合形态特征、培养性状，确定分离出的这 7 个菌株皆为青霉属，具体如下：1 号菌为青霉属 Penicillium polonicum，2 号菌为青霉属 Penicillium rugulosum，3 号菌为青霉属 Penicillium sp.，4 号菌为青霉属 Penicillium chrysogenum，5 号菌和 6 号菌为青霉属 Penicillium dipodomyicola，7 号菌为青霉属 Penicillium chrysogenum。4 号菌与 7 号菌显然同为 Penicillium chrysogenum。

2.4 序列的同源性比较和聚类分析

通过 ITS 检测及比对、聚类分析，可以确定这 7 个样品菌株都属于青霉属。在此基础上，又进行了 β-tubulin 检测。通过同源性聚树，可以看出，这些样品菌株应该介于 Penicillium chrysogenum Wisconsin、Penicillium aurantiogriseum、Penicillium polonicum 之间。2、3、4 号菌接近于 Penicillium chrysogenum Wisconsin；1、5、6、7 号菌接近于 Penicillium aurantiogriseum、Penicillium polonicum。具体的聚树结果见图 5-3 和图 5-4。

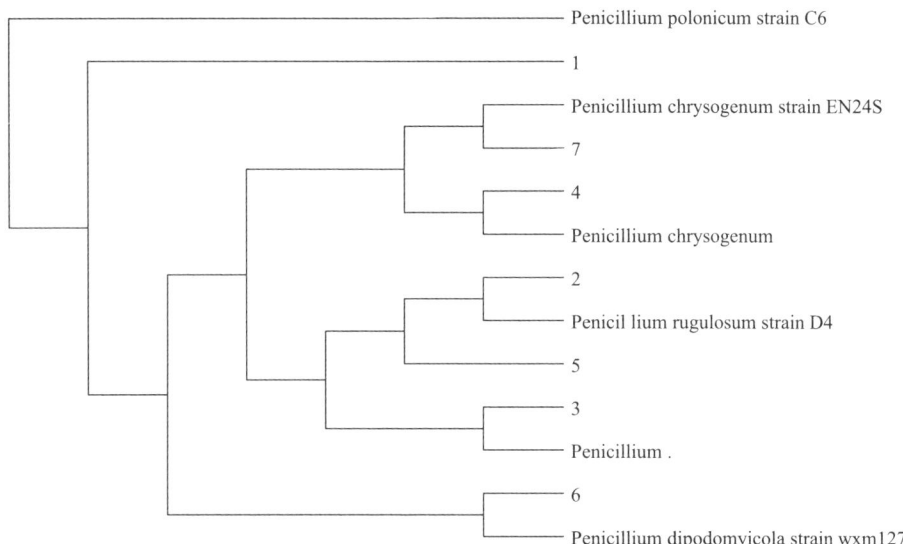

图 5-3　7 株菌株与 Genbank 中同源性较高的 rDNA-ITS 序列的聚类分析树状图

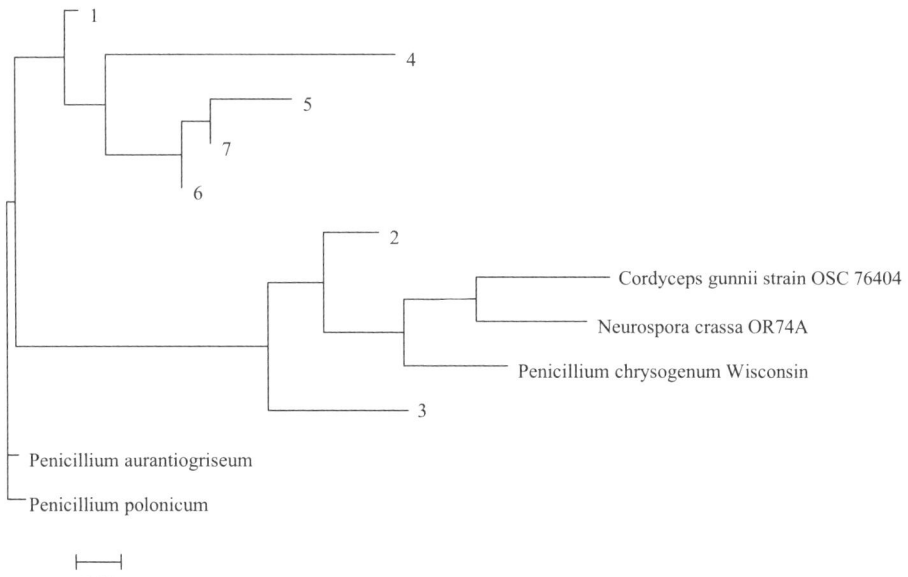

图 5-4　7 株菌株与 Genbank 中同源性较高的 β-tubulin 序列的聚类分析树状图

2.5　生长温度范围和生长速率的测定

菌种的生长温度曲线见图 5-5：大部分菌株在 10—40℃ 的温度范围内均能生长，其中最低生长温度 10℃，适宜生长温度范围为 20—35℃，最高生长温度 40℃，最低和最高温度时生长缓慢。1、3、4 号菌温度生长曲线的走势一致，出现一个最适生长温度（1 号菌在 30℃ 附近，3、4 号菌在 25℃ 附近）。2、5、6、7 号菌的温度生长曲线接近，分别出现一个小峰（20℃ 附近）、一个大峰（30℃ 附近）和一个波谷（25℃ 附近）。由此值可知，如果有这几种真菌出现时，在条件允许下可以把室内温度调节到 10℃，能相对控制真菌的生长速度，此方法简单易行，方便采纳。

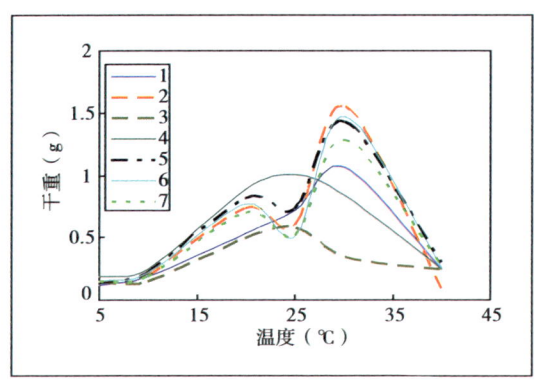

图 5-5　霉菌温度生长曲线

3　结论

真菌对文物特别是有机质文物的影响尤为严重。到目前为止，除了简单的形态鉴定外，没有在分子生物学层面上对文物上真菌的鉴定，本文在之前的基础上引进分子生物学技术，提高鉴定的准确性。

本文通过在新出土且原封未动的文物上采取水样、泥样，对其中的真菌进行分离和鉴定。在形态鉴定的基础上，应用 DNA - ITS、β - tubulin 分子生物学分析技术确认了分离出的 7 株菌株全为青霉属中不同种类，通过同源聚类分析，知道这些菌株具有较近的亲缘关系，为考古界及文物上微生物的鉴定提供了有效的参考，同时使防霉和抑制真菌生长更具有了针对性。

参考文献

[1] 吴剑波，张致平. 微生物制药 [M]. 北京：化学工业出版社，2002：11-12.
[2] 中国科学院微生物研究所编写组. 常见与常用真菌 [M]. 北京：科学出版社，1973：267-268.

下篇

微生物的防治

第六章　文物保护中的防霉及防霉剂的应用

1　霉菌的产生及危害性

霉菌对多种文物都有可能造成严重危害，防霉除菌的任务极为迫切。霉菌的防治须从外部环境控制与内部治理两方面着手，以防为主，防治结合。霉菌孢子在极端恶劣的环境下仍能长期保持生命活力，一旦温湿度适宜就开始生长。我国文物保存条件迥异，生霉现象繁多，在环境难以控制或仅凭控制不能治理的情况下，就需要研究选择高效、低毒、广谱并适合文物使用的杀菌防霉剂。不同种类的霉菌和不同文物对防霉剂的种类、配比及杀菌方式等均有不同的要求。应有针对性的根据各类霉菌的杀灭条件和不同材质文物对杀菌防霉剂的具体要求进行实验室模拟试验筛选后，才能应用于文物的杀菌防霉保护中。

2　霉菌的防治办法

目前霉菌的防治办法，主要有物理和化学两种方法，物理方法即环境控制预防霉菌滋生，化学方法主要采取各种化学药剂预防及杀灭霉菌。

2.1 环境控制防霉

大多数有害微生物的滋生温度要在20℃以上，相对湿度要在80%以上。但有些微生物在10℃以上、湿度65%—70%之间就能生长、繁殖，从而危害文物材料，在高水分的情况下，有的青霉和曲霉在0℃以下也能危害文物。如在合适的温度和湿度条件下，其活动能力加强，使文物材质迅速变质。真菌生长繁殖不仅与温度、湿度有关，而且取决于它们的联合作用，温度和湿度同时控制更有利于真菌的抑制。所以将温度控制在18℃以下，环境湿度在60%以下[1]，适时自然通风干燥，净化空气，注意防尘，以免孢子通过灰尘进入库房，保持库房内整洁卫生，可有效防止真菌的生长。

除氧封存：氧气是真菌（除厌氧菌外）生长中不可缺少的条件之一，但真菌生长需要的氧气量是极其微小的，完全停止氧气的供给并不能杀死真菌孢子，但能抑制真菌生长。

辐射杀菌：真菌在可见光的长时间照射下，光线被细胞内的色素吸收后，引起细胞死亡而杀死真菌。紫外线杀菌是真菌的脱氧核糖核酸（DNA）在波长为260nm时对紫外线有强烈的吸收，形成胸腺嘧啶聚体失去了复制能力，阻碍了蛋白质的合成，从而导致细胞死亡。辐射杀菌在文物保护中一般用在文物生霉之后，先杀菌，再对真菌进行清除。

2.2 杀菌防霉剂治理

杀菌作用是指杀死一切微生物（包括病原菌和非病原菌）及其孢子，抑菌或防霉作用是指防止或抑制微生物生长[2]。防霉剂的杀菌和抑菌作用往往与其浓度和作用时间有关：同一杀菌防霉剂，浓度高或作用时间长可以杀灭细菌；而浓度低或作用时间短则只能起到抑制作用。另外，同一杀菌防霉剂对不同微生物的作用也完全不同，对某种微生物可起到杀灭作用，而对另一种微生物可能只有抑制作用。

2.2.1 杀菌防霉机理

杀菌防霉剂对微生物所起的毒害作用，可归纳为以下几个方面[3]：

①抗代谢物

有的防霉剂结构与有害微生物体内一些代谢物结构相似，能与某些酶结合，从而使微生物体内的酶无法参与正常的新陈代谢活动，干扰细胞内部酶的活性，使微生物难以正常生长、繁殖。

②抑制细胞壁的合成

有些防霉剂可阻止、抑制细菌的肽聚糖和霉菌几丁质的合成，而肽聚糖和几丁质正是细胞壁的重要组成成分。

③影响细胞膜的完整性

防霉剂会影响到细胞膜的半透性，还会引起微生物细胞中的一些主要代谢物渗透出来。

④抑制蛋白质的合成

防霉剂会与巯基、羧基、氨基、羟基等反应，破坏蛋白质合成系统，降低细胞的活性，促使细菌死亡。

⑤改变细胞的表面张力，妨碍细胞膜正常的渗透性

由于微生物表面一般带负电，所以带正电的防霉剂可以吸附在微生物的表面，引起其表面张力和渗透性的变化。

2.2.2　杀菌防霉剂在文物保护中的使用要求

由于文物本身的不可再生性及周围环境的要求，文物保护中使用的防霉剂不但需要具备理想防霉剂所普遍需要的条件，还不应使文物材质变色、变质，尽量不与材质长期接触，能及时挥发，并具有安全性和残效性[4]。具体条件如下[5,6]：

①针对文物特点，满足相关要求，对文物颜色、质地、耐久性等无不良影响；

②高效、广谱、低毒、安全性高、药剂有效期长，对各种霉菌和细菌都有广泛的致死或抑制作用，而且使用浓度应尽可能低，以便从另一角度减小其毒性，对人体无害；

③无色、无臭、无腐蚀性，溶解性好、挥发性好，无副作用，在较大的温度范围和pH值范围内都稳定而有效；

④具有良好的生物降解性，长期使用不会对生态环境造成新的污染；

⑤操作简单,经济易得。

2.2.3 杀菌防霉剂的分类

杀菌防霉剂分为无机防霉剂和有机防霉剂,有机防霉剂又可分为天然和合成有机防霉剂。

2.2.3.1 无机杀菌防霉剂

天然防霉剂和合成防霉剂的短期抗菌效果较明显,但耐久性和耐温变性较差,在紫外光照射下容易分解,从而限制了其应用。因此,无机化合物类杀菌防霉剂使用较少,多为添加到防霉剂产品中作为辅助成分或者对文物保护材料进行改性,使其具有抗菌防霉作用。无机防霉材料根据其对微生物的作用机理可分为两类:一类是光催化半导体材料,如二氧化钛、纳米氧化锌等;另一类为抗菌活性金属材料,如银系无机抗菌材料等[7-9]。

(1) 光催化纳米无机抗菌剂

光催化型抗菌剂为白色,而且颜色稳定,高温下不变色、不分解,无毒、无特殊气味、无刺激性,价格低廉,资源丰富,是抗菌材料研究热点之一。目前光催化型无机抗菌剂主要为锐钛型 TiO_2 抗菌纳米粒子,其抗菌机理是基于光催化反应,使各种有机物分解而且具有抗菌性能。TiO_2 纳米光催化型抗菌剂起作用必须具有两个条件:①必须有合适波段光的照射,主要是300—400nm 的紫外光;②TiO_2 纳米光催化型抗菌剂发挥抗菌性能必须有氧参与。实验表明,光催化型抗菌剂对细菌、霉菌、病毒等多种微生物都有较好的抑制和杀灭作用。

(2) 抗菌活性金属材料

银、铜、锌金属等本身具有抗菌能力,可添加到文物保护材料中,对其进行改性或将金属离子负载于沸石、二氧化钛等无机载体。沸石的骨架结构空旷,结晶结构较疏松。现在的研究较多集中在纳米改性抗菌沸石的研究,纳米改性后,抗菌沸石通过缓慢地释放所置换的 Ag^+、Cu^{2+}、Zn^{2+} 等离子,达到较高的抗菌作用,其中银沸石抗菌剂的抗菌效果优异。

2.2.3.2 有机杀菌防霉剂

(1) 天然杀菌防霉剂

①麝香草酚:也称百里酚,为5-甲基-2-异丙基苯酚,是麝香草中

的香味成分。

麝香草酚既有清香味又有较强的杀菌能力，可采用熏蒸法杀灭纺织品上的霉菌。将需消毒的纺织品置于一个不透气的消毒箱内，放入麝香草酚晶体，可利用电灯泡等的热量，加速麝香草酚晶体挥发成蒸汽，达到消毒灭菌的目的。还可将麝香草酚制成药纸，即用白吸墨纸在10%的麝香草酚酒精溶液中浸透后，让溶剂挥发掉，使麝香草酚均匀分布在纸上，将这种药纸夹入书中，可起到杀菌防霉作用。

②香叶醇：香叶醇是存在于多种植物体内的一种挥发性油状物，化学名为3,7-二甲基辛二烯-[2,6]-醇，是一种具有玫瑰香并略带甜气息的含氧单萜类化合物，具有较强的广谱杀菌作用。目前常用的有香茅草制备的香叶醇长效抗霉灵及天然灵香草。

a. 香叶醇长效抗霉灵是从植物香茅草中提取的一种液体挥发油，由中央档案馆等单位研制，可通过无机涂放载体收容挥发油并固化成片剂，达到控制挥发速度的目的。

特点：该药物有香味，对人体无毒，具有杀灭和抑制生长的作用，对纸张的撕裂度、耐折度、铜值、纸张白度、pH酸碱度和字迹的颜色及装具等无不良影响。

b. 灵香叶的有效杀菌成分也为香叶醇。灵香草采用的是植物叶片和茎，并不像其他防霉剂那样经过提纯，粗原料中含有的防霉有效成分很少。

③樟脑丸：片剂，主要成分为樟脑，可放置于文物储存柜中防霉。

(2) 合成杀菌防霉剂

另一类更占主导地位的是有机合成杀菌防霉剂，主要品种有：季铵盐类、有机酚及卤代酚类、酰胺类、醇类、酯类等。其作用机理主要是与细菌和霉菌的细胞表面阴离子结合或与巯基反应，破坏蛋白质和细胞膜的合成系统，抑制细菌和霉菌繁殖。其中季铵盐物质常为阳离子表面活性剂，而细菌所带的负电荷则与之作用而吸附缠结，既能破坏细胞壁，又能抑制细菌的呼吸功能而使细菌致死。此类抗菌活性物质效果持久，并且不存在诱发抗性的问题[10]。有机抗菌防霉剂的主要品种及特性如下：

①季铵盐类化合物：苯扎氯铵（洁尔灭）、十二烷基苄基二甲基溴化铵

（新洁尔灭）、烷基吡啶盐酸盐、十六烷基三甲基溴化铵（1631）等。由于这类化合物的毒性低、灭菌广谱、高效，而且还有很好的水溶性，已大量地运用在工业防腐防霉中。目前，开发新的季铵盐杀菌组分用于防霉也是一个研究方向。

②有机酚及卤代酚：酚类主要有甲酚、苯酚、对硝基苯酚、焦油酚、苄基苯酚、乙萘酚、氨基酚等，卤代酚主要有氯代酚、二氯酚、三氯苯酚、溴代酚、对氯间二甲酚、2,2-亚甲基二氯代酚、五氯酚钠等。这类化合物是以前使用最多的防霉剂，但随着环保法规的日益严格，这类防霉剂的使用受到了限制，已逐渐被其他种类的化合物所取代。

③酰胺类化合物：卤代乙酰胺、水杨酰苯胺、氨基苯磺酰胺、四氯间苯二甲腈等。这类化合物是目前常用的防霉剂的有效成分，其防霉效果比较好。

④醇类化合物：苯甲醇、乙醇、卤代硝基烷醇类等。这类化合物目前也是主要作为防霉剂产品的辅助成分。

⑤酯类化合物：卤代水杨酸酯、羟基苯甲酸酯、2-苯并咪唑氨基甲酸酯（多菌灵）、卤代乙烯基苯酯、卤代乙酸苯甲醇酯、月桂酸、α,β-不饱和羧酸酯等。这类化合物的毒性比较低，特别是α,β-不饱和羧酸酯对霉菌的作用效果比较好，是一类有开发潜力的防霉剂。

⑥杂环化合物：苯并咪唑、苯并噻唑、巯基苯并咪唑及其盐、六氢三羟乙基均三嗪、硝基吡啶、8-羟基喹啉及其盐、苯并异噻唑酮、二甲噻二嗪等。目前，皮革防霉剂大多数均以杂环化合物为有效成分，其毒性较低，灭菌谱广，防霉效果很好。

⑦有机硫化合物：双三氯亚砜、大蒜素、双苯甲酰二硫、巯基吡啶、五氯硫酚等。皮革防霉剂中以有机硫化合物为有效成分的较多，例如防霉效果较好的2-（硫氰基甲基硫）苯并噻唑也常被归为有机硫化合物。

2.2.4　曾用于文物保护的杀菌防霉剂

2.2.4.1　环氧乙烷

环氧乙烷具有醚的气味，浓度低时能使人产生愉快感，浓度高时有刺激性气味，对人、畜均有中等程度的毒性，且易燃易爆，在空气中的爆炸范围为3%—80%。

环氧乙烷沸点低，挥发快，常温下呈气体，特别适用于怕热、怕湿、怕高温的文物，消毒灭菌后器物上不会有残余药，即使有微量余药，也会在短时间内挥发掉。环氧乙烷对纸制品、纺织品、木制品或石质文物等深处的真菌也能很快杀死，而且真菌再无复活能力。

灭菌原理：环氧乙烷化学性质活泼，能和许多重要的有机物质，包括氨基酸、蛋白质、核蛋白质等起化学反应。与蛋白质中的巯基、羟基、氨基和羧基反应，取代这些基团上活泼的氢原子，生成一种含羟乙基的化合物，从而阻止微生物酶的许多正常化学反应，使微生物的新陈代谢发生障碍而死亡。

杀菌方法：文物上的真菌可用环氧乙烷熏蒸灭菌。比较简单的方法是，将文物放入一种聚乙烯薄膜口袋里，将袋内抽真空后通入环氧乙烷和二氧化碳（1:9）的混合气体，此时袋子鼓起，到一定程度时（以不鼓破袋子为限）停止通气，袋口用橡皮筋扎紧，放置2—3h后，将袋口打开，将里面的气体放到大气中，或用真空泵将袋内的气体抽出，注入清洁的空气，反复几次后取出灭菌的文物。一般熏蒸消毒所使用的环氧乙烷剂量不会对环境造成污染，只要从窗口排出，即可使其安全离开室内。也可用水冲洗气体，或用活性炭、硅胶或酸性盐类溶液等将其吸附。

2.2.4.2 甲醛

甲醛常温下是气体，具有强烈的刺激味，市售甲醛水溶液的浓度一般为35%—38%，也称福尔马林。文物上也有用甲醛进行熏蒸灭菌的，但一般效果不如环氧乙烷。

灭菌原理：甲醛的灭菌效能在于它有还原作用，能与蛋白质的氨基酸结合而使蛋白质变性，破坏了菌体的细胞质。0.1%—0.2%的甲醛溶液能杀死细菌的繁殖体，5%的甲醛溶液能杀死细菌芽孢，其杀芽孢能力随温度上升而增强。

杀菌方法：甲醛蒸汽可对长霉、虫蛀的纺织品、纸质文物等进行熏蒸消毒杀菌。库房、陈列室内的柜子等，一旦发现有霉菌感染可用2%—3%甲醛溶液刷洗，晾干后即可使用。

2.2.4.3 霉敌

霉敌为白色针状结晶，溶于乙醚、丙酮、乙醇等有机溶剂，在水中溶解度为 0.02g（25℃），溶于热水，可与碱生成盐，其铵盐及钠盐有较好的水溶性，属于低毒性。

应用：

①皮革类：可用 0.02% 霉敌丙酮溶液涂刷或以喷雾的方法喷到皮革制品上。

②纸张、字画、文献、档案等纸质类文物：对于空白纸张可采用 0.02% 的霉敌丙酮溶液喷涂，对于字画、文献等应十分谨慎小心，较安全的防霉方法是利用防霉药纸。将白吸墨纸放在 0.02% 霉敌丙酮溶液中浸泡透后，让溶剂挥发掉，留下霉敌均匀地分布在纸上。将这种药纸夹入字画、文献等之中，可起到良好的防霉灭菌效果。经此法处理后，纸张的抗张强度、耐折度、耐酸度、白度及吸湿度等没有明显变化。对字画文物常用的各色成品绫，用 0.02% 霉敌丙酮溶液喷涂处理，以蛋白质纤维为原料的绫经处理后，平均强度略有提高，但变化甚微，伸长率基本无变化。

③丝、毛、棉、麻纺织品文物：纺织品文物若未见霉菌，为了防止长霉，或是为了防止已有的霉菌扩大，可以用霉敌药纸包住，或用药纸包后放在透明聚乙烯袋里，可有效抑菌防霉。还可采用 0.02% 霉敌丙酮溶液喷雾处理。

④古漆木竹器类文物：古漆木竹器类文物在潮湿阴暗的地下环境长期埋藏，为地下水浸泡并已霉腐变质。在出土后，结合霉敌易溶于有机溶剂而在常温下难溶于水及化学性质稳定的特性，可采用醇—醚—树脂连浸法立即脱水定型，并同时进行灭菌防霉。先用浓度递增的乙醇溶液逐步浸泡，待乙醇完全置换出木质中的水分后，以相同的方法用乙醚置换出乙醇，以 0.02% 霉敌的乙醚溶液浸泡，最后让乙醚溶液挥发掉。当器物比较脆弱时，可以将树脂溶于 0.02% 霉敌乙醚溶液中，待乙醚挥发掉，防霉剂及树脂会填充到器物中，不仅可以有效防腐防霉，还可起到加固作用。在质感、色泽及形状上均令人比较满意。

⑤尸体类文物：用 0.03% 霉敌水溶液代替福尔马林保养尸体及动物标

本，不但无色、透明、无臭、无刺激，而且不会使其中的蛋白质固化，不影响和改变文物原貌，不破坏其微观组织结构。

⑥彩绘类文物：壁画等彩绘类文物发生霉变，霉菌不仅会影响表面层、颜料及基层材料，还会对整个文物产生全面性的破坏。将0.02%霉敌丙酮溶液喷洒在文物表面或将霉敌加入清洗剂中使用，可以起到防腐防霉效果。

2.2.4.4　苯并咪唑类

①苯并咪唑：为白色针状结晶，无色、无味，毒性低，抑菌谱广，易溶于有机溶剂和热水。可广泛用于涂料、皮革、塑料、纤维、木材等的防腐防霉。将0.4%左右的苯并咪唑溶于有机溶剂或热水中，喷洒到文物上，待溶剂挥发后，苯并咪唑渗入其中，可达到防霉效果。

②多菌灵：化学名称为苯并咪唑-2-氨基甲酸甲酯，为白色结晶粉末，不溶于一般有机溶剂和水，溶于无机酸及部分有机酸中，可用于纸质、木质、皮革、纺织品等类文物的防腐防霉。多菌灵使用浓度低（喷雾一般为0.05%—0.025%），防治效果好（一般可达到80%—95%的防治率），有效期长，使用安全，毒性很低。

2.2.4.5　邻乙酰胺基苯甲酸

邻乙酰胺基苯甲酸系白色片状结晶，溶于乙醚、苯、热乙醇，在水中溶解度很小，冷水中几乎不溶。对细菌、真菌及空气中杂菌有杀菌活性，可用于木质类及皮革等的防腐防霉。用醇醚连浸法处理漆木竹器等文物，可用含有0.2%邻乙酰胺基苯甲酸乙醚溶液来浸泡，置换出醇，乙醚挥发掉后，邻乙酰胺基苯甲酸留在木质中，起到良好的防腐防霉功效。

2.2.4.6　对硝基酚

对硝基酚为无色晶体，作为纸质文物防霉剂有一定效果，其使用方法是将对硝基酚溶于乙醇，倒入适量香蕉水稀释过的清漆，调匀后用毛刷涂在书刊上，放在通风处吹干，次日即可入库上架。对硝基酚由于硝基影响而使其酸性增强，故用作纸质文物防霉剂会对纸张的强度有些影响，且对硝基酚在空气中因被氧化很快变色，时间长颜色还会加深，这样也会对纸质文物及浅色皮革制品产生影响，出现黄色或棕色污痕。硝基酚有毒，纸张等经防霉处理后，对接触纸张的人身体健康不利。

2.2.4.7 五氯酚钠

通用名称 PCP，为白色针状或鳞片状结晶，有强烈刺激性臭味，其粉末可引起喷嚏。易溶于水、甲醇、乙醇和丙酮中。

某些大型卷轴可选用毒杀力较强的五氯酚钠药纸。其做法是将一卷薄纸用10%的五氯酚钠水溶液拖一遍，干燥后即可用来防止卷轴发霉。可用0.25%五氯酚钠乙醇溶液，或用对硝基酚和五氯酚钠0.25%的混合溶液，或是五氯酚钠衍生物做渗透剂用作皮革消毒剂。

2.2.5 杀菌防霉剂效果评价

杀菌防霉剂的杀菌效果评价包括以下几个方面：①杀菌和抑菌效果（包括最低杀菌浓度和最低抑菌浓度）；②毒性；③对文物的外观及材质本身的影响；④药力的持续时间；⑤黏度、表面张力、耐雨水冲刷等性能。

2.2.5.1 杀菌和抑菌效果

文物保护中杀菌防霉剂的杀菌和抑菌效果可从两个方面进行评价：①"宏观观察法"，即在模拟样品上施加不同种类、浓度杀菌防霉剂后，将模拟样品及对照空白样（未使用防霉剂）放置于高温或高湿环境中一段时间后，观察杀菌防霉剂的效果。②"微观测试法"[11]，即通过微生物培养实验，培养各种主要霉菌，测试在模拟样品上施加不同种类、浓度杀菌防霉剂后，与对照空白样比较菌落数，或直接利用灭菌率来评价杀菌防霉剂的效果。具体方法如下：

（1）模拟高温环境产霉法

在一组样品上施加不同种类及不同浓度梯度的防霉剂，另一组对照空白样不施加防霉剂。为了加快两组样品生霉，也可向试验样品表面喷洒孢子悬浮液。在试验箱内设置相对湿度在85%以上，温度为室温（25℃）或高温（小于50℃），将样品及空白样放入试验箱，每隔一段时间考察其表面发霉情况。根据试验结果还可初步确定不同防霉剂的使用效果及最佳浓度。

（2）培养真菌法

①菌种的选取：选用常见的真菌种类，如黄曲霉、黑曲霉、青霉、黑根霉等。

②真菌的培养：在无菌条件下，可将同一菌落的菌种接在马铃薯蔗糖

培养基或者豆芽汁葡萄糖/蔗糖琼脂培养基上。置于培养皿在培养箱中培养一段时间待用。

③防霉效果考察：在模拟样品上施加不同种类、浓度杀菌防霉剂，与空白样一起放入培养箱中一段时间后比较杀菌、防霉效果。

一般来说，在同样温度和湿度条件下，相同的时间内，防霉剂的杀菌、抑菌效果可以直接目测，通过观察菌落的有无、大小、数目多少来得到[12]。对同一菌落的菌种添加防霉剂进行培养，没有发现菌落，就说明防霉剂具有很强的杀菌能力；而菌落越小，数目越少，菌丝和孢子发育越差，显示菌种的生长条件越差，也就说明防霉剂的抑菌效果越好。防霉剂抑制细菌效果采用四个等级表示：+（通过仔细辨认有细菌生长的痕迹）、++（细菌在小部分内明显生长）、+++（细菌在画线处大部分生长）、++++（画线处全部长菌）。通过观察防霉剂的抑菌圈大小，也可以确定防霉剂的抑菌效果（抑菌圈结构见图6-1）。在对防霉剂效果比较的过程中，由于菌种的不同，其抗药性不同，虽然接种的是同一菌落，菌种也可能没有达到纯化状态，所以目测的结果往往存在着很大的误差。鉴于同一菌种在相同的培养时间内，微生物菌丝和孢子的发育情况应该是一致的，不同的生长情况表明了生长条件的不同。因此，通过比较在显微镜下观察到的微生物菌丝宽度，以及孢子的成熟情况（成熟孢子占所观察到孢子的比率），也可以比较出防霉效果的好坏。

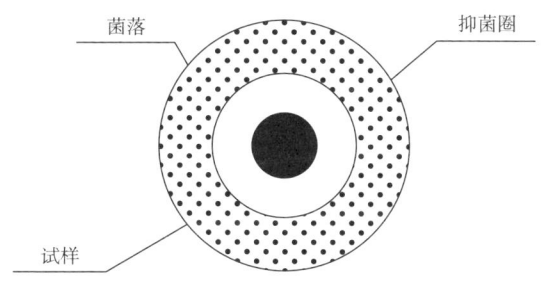

图6-1 抑菌圈结构

确定杀菌能力的一项重要指标,就是最低有效浓度(MIC)。简单来说,在琼脂培养液中,引入100万—200万个/mL细菌或霉菌(如金黄葡萄球菌、黑霉菌、青霉菌等),然后测试杀灭率达到99.9%时所需要的杀菌剂浓度(一般用mg/kg,即百万分之一表示)。

2.2.5.2　毒性

检测所选浓度防霉剂对大白鼠、小白鼠的半致死量等。

2.2.5.3　对文物的影响

可通过光学显微镜、显微摄像仪等观察防霉剂对样品表面的影响,采用分光测色仪等测量色度,考察样品表面颜色变化,利用扫描电镜进行微观结构表面分析,考察防霉剂与样品的结合状况及均匀度。同时可以借助一些物理方法考虑对文物本身材质机械强度的影响,如采用耐折度仪考察防霉处理后纸质文物的耐折度,使用万能伺服试验机等测试纺织品拉伸强力及撕裂强力等[13]。

2.2.5.4　药力的持续时间

将防霉后的样品自然放置一段时间或人工老化后,定期考查防霉剂对样品的残留药效,以确定其药力持续时间长短。

2.2.5.5　黏度、表面张力、耐雨水冲刷等性能

防霉剂黏度的大小说明药剂与附着物固着能力。黏度大,说明药剂固着能力大,耐雨水冲刷能力好,抗流失性较好。表面张力的大小说明药剂跟文物表面接触面的大小。对于用于室外文物保护的防霉剂还要检测其耐雨水冲刷后的抑菌防霉效果[14]。

2.2.6　杀菌防霉剂的使用

杀菌防霉剂的使用应根据具体文物、实际条件、pH值等因素来确定。如长期使用,应考虑两种或几种杀菌防霉剂交替使用,避免微生物产生耐药性;注意pH值的影响,一般对嗜碱性细菌,要选用酸性杀菌防霉剂,嗜酸性细菌要选用碱性杀菌防霉剂。另外,在添加杀菌防霉剂时,应考虑其毒性和最大允许使用量。

2.2.6.1　使用方法

文物保护中杀菌防霉剂的使用方法有三种:①直接涂刷或喷洒到文物

表面。这种方法也可分为一次添加法和间歇式添加法。由于杀菌防霉剂药效有一定的时间性,故在保护中常常采用定时定量间歇加入的比较多。②防霉纸包裹法。将白吸墨纸等用一定浓度的防霉剂浸泡后用以包裹文物防止霉菌。③添加入文物保护材料中。可以将防霉剂添加到文物保护加固或封护材料中,使改性后的文物保护材料具有一定杀菌防霉功效。不论杀菌防霉剂以何种形态(固体、粉末、液体等)存在,在加入到文物保护材料中时都只是一种物理性混合,因此,防霉杀菌剂的效能除了与本身的药效有关以外,还与其颗粒大小、分散程度、文物保护材料的相容性等密切相关。非水溶性的防霉杀菌剂的颗粒与颗粒之间、颗粒与侵入文物的霉菌孢子之间都有一定的距离,这种距离的缩短要靠防霉杀菌剂在湿润的情况下扩散。颗粒越大,分散愈差,扩散也就愈慢。若侵入的霉菌在防霉杀菌剂尚未扩散到之前,其孢子已萌芽,就失去了防霉效果。因此同一种杀菌剂的毒杀性能随着粒径的减小而增加,当其粒径在 $0.5—0.6\mu m$ 时会有最好的毒杀效果。如果没有特殊要求,防霉杀菌剂应尽可能早地加入到分散体系当中,并尽可能使其分散均匀[13]。④气相法杀灭霉菌。一般文物的存放基本上是橱柜式存放,大部分为密封式橱柜。用挥发性药物杀灭霉菌最适用于密闭式橱柜。因此,把一定量挥发性较强的防霉剂放置到存放文物的橱柜里,关闭好橱柜门,让药物在橱柜中慢慢地挥发。当防霉剂在橱柜中达到一定的浓度后,就能起到抑制或杀灭霉菌的作用。一般在梅雨天前放入防霉剂比较好,因为霉菌在雨天极易生长。

2.2.6.2 浓度

杀菌防霉剂使用中均存在一个最低有效浓度(MIC),如果浓度过低则达不到杀菌或抑菌的目的,而使用浓度过高不但会造成生产成本偏高,还会对文物外观及本身产生影响。一般来说,实际配方中的使用浓度,要大于或等于 MIC。即杀菌防霉剂的用量只要达到控制微生物生长和繁殖而不使文物生霉即可[14]。

2.2.6.3 pH 值

大多防霉剂具有一定的 pH 值适用范围,其防霉效果也随着 pH 值的不同而不同。通常认为杀菌防霉剂起作用是在其分子状态而不在离子状态,

pH 值是影响物质状态的主要因素，如苯甲酸在 pH 值低于 4 时处于分子状态才有防霉效果，而酚类化合物在较大的 pH 值范围内处于分子状态，所以其适用的 pH 值范围较广。所以应根据实际情况选择适当的防霉剂，使其在此 pH 值范围内仍能保持稳定，发挥作用。

3　文物保护中防霉工作展望

防霉剂由天然防霉剂发展到人工合成化学防霉剂，近年来，随着环保意识的提高，又逐渐在天然材料中寻找高效、低毒、低成本的天然防霉剂，如各类植物挥发油。每种杀菌防霉剂都有有利的一面，也有不少缺陷，如有些杀菌防霉剂对细菌有效，而对真菌无效，有的恰好相反。如果利用科学的方法将多种杀菌防霉剂复配，充分利用其协同作用，一方面稳定产品质量，扬长避短，增强防霉效果；另一方面扩展杀菌谱，扩大 pH 值使用范围。所以开发新型多功能复配型杀菌防霉剂将成为必然趋势。随着纳米技术的出现，新型纳米复合防霉剂也成为研究的热点。

在应用防霉剂防治霉菌的同时，文物保存环境的改善治理才是治标的关键，所以，要大力改善文物储存条件，文物分类储存，文物库房要经常通风，将温度控制在 18℃ 左右，湿度控制在 60% 以下，有效防止霉菌的产生。

参考文献

[1] 宋迪生等. 文物与化学[M]. 成都：四川教育出版社，1992：220.

[2] 杨飞, 陈克复, 杨仁党等. 抗菌剂及其在抗菌纸中的应用[J]. 中国造纸，2006，25 (8)：51 – 55.

[3] 白云翔, 孔洪兴. 杀菌防霉剂在皮革中的应用[J]. 西部皮革，2004，(2)：26 – 28.

[4] 程天恩, 张一宾. 防菌防霉剂手册[M]. 上海：上海科学技术文献出版社，1993：29 – 32.

[5] 赵桂芳，孙延忠，马箐毓等．防霉剂的抗流失性及防霉效果的研究［J］．文物保护与考古科学，2006，18（1）：1-3．

[6] 王玉琦，杨云峰．水性建筑涂料中防霉剂的选择［J］．中国涂料，2005，20（5）：46-49．

[7] 杨飞，陈克复，杨仁党等．抗菌剂及其在抗菌纸中的应用［J］．中国造纸，2006，25（8）：51-55．

[8] Craighead H. Leong K L Nanotechnology Research Direction: Biotechnology, Medicine and Healthcare［M］. Netherlands: Kluwer Academic Publishers, 2000.

[9] Lee H J, Yeo S Y, Jeong S H. Antibacterial effect of nanosized silver colloidal solution on textile fabrics［J］. Journal of Materials Science, 2003, 38 (10): 2199.

[10] 沈春银，章忠秀，盛季生．抗菌纤维的研究进展及发展趋势［J］．南通大学学报，1999，15（3）：36．

[11] 吴桂霞，王志杰，杨秀芳．造纸工业中杀菌防霉剂的应用及展望［J］．中国造纸，2007，26（4）：51-54．

[12] 张媛媛．几种常用档案防霉剂的防霉效果比较［J］．安徽科技学院学报，2006，20（2）：41-44．

[13] 王丽琴，王惠贞，宋迪生．新型防霉剂在纺织品防霉中的应用（Ⅱ）［J］．文物保护与考古科学，2001，13（2）：26-29．

[14] Uppsala. Sweden. Microbial decay of waterlogged archaeological wood found in Sweden: Applicable to archaeology and conservation［J］. Int Biodeteri Biodegr, 1999, 43 (12): 63-73.

第七章 新型防霉剂 CM-1 在丝织品保护中的应用研究

我国是有着悠久文化历史的丝绸大国。早在几千年前，中国人就发现了蚕丝的优点，养蚕制丝。小作坊的柞蚕逐步发展为大规模的桑蚕养殖业，在世界上一直居于领先地位。现博物馆收藏的丝织品都非常珍贵，各个历史时期的丝织品及其所制服饰，从纺织原料、织造染整工艺、机械等各个角度反映着历代纺织科学和生产状况。纺织科学技术的发展与其他学科的发展有着相互依存、相互促进的密切关系，从纺织文物还可以窥探其他学科的发展，因而丝织品文物的保护尤为重要。丝织品文物属于有机质，含有多种氨基酸，是各种霉菌的营养基[1]，霉菌的污染会使原有艺术价值和历史科学价值丧失殆尽，甚至永远消失。因此丝织品的防霉保护非常重要。目前国内外采取最小干预的方式，通过环境温度和湿度控制微生物的生长。但我国大部分博物馆现在空调系统还难以达到保存丝织物的高等级要求，考古现场的环境状况就更是如此。近年来也有不少文物防霉剂问世[2-5]，不同质地，不同场所，防霉剂类型不一。据考察，我国纺织品专家王亚荣先生在实际整理中用相对较安全的酒精（75%浓度）杀菌，但其药效时间短，不具广谱性，存在一定的局限性[6,7]。

由于丝织品本身的特殊性，至今没有真正适用于丝织品的防霉剂。本文讨论了一种适合于丝织品防霉的药剂 CM-1。首先实验了药剂的防霉效果。为了确保防霉剂对丝织品不产生后期的物化损坏，研究人员选择桑蚕丝和柞蚕丝两种丝纤维进行了药剂对丝织品的后期安全性试验。每种丝纤维选用四种颜色，即白、红、绿、蓝色。将丝织品分别浸泡于药剂后，再通过三种老化方法和多种测试手段，检验药剂对丝织品的影响。结果表明，该药剂适合丝织品防霉，没有负面影响，而且会抑制丝织品褪色，增加其抗老化性能。这就为古代丝织品的保护提供了一条新途径。

1 实验材料和方法

1.1 丝绸样品

本实验选择桑蚕丝和柞蚕丝两种纤维。颜色选择参照国际照明委员会推荐的色差值计算公式中提到的颜色，每种蚕丝选用四种颜色（白、红、绿、蓝）[8]。丝布的裁剪规格为有效宽度5厘米，隔距长度30厘米，长度方向平行于织物的经线。

1.2 仪器及试剂

X–Rite SP60积分球分光测色仪，SHIMADZU IRprestige–21傅里叶变换红外光谱仪，X'Pert PRO型X–射线衍射仪，SHIMADZU AG–5KNIS环境材料实验机，日立S3400N扫描电子显微镜。醋酸、醋酸钠、碳酸氢钠等均为分析纯。霉菌菌种由中国农业科学研究院微生物菌种资源库提供。药剂浓度为2‰。

1.3 抑菌实验

选择有机质文物上常见的11种霉菌，分别是4种青霉属（橘青霉、产黄青霉、白边青霉、查尔斯青霉），3种曲霉（黑曲霉、黄曲霉、焦曲霉），枝孢霉、交链孢霉、林木毛霉、葡枝根霉。在50mL查氏液体培养基中接入1–2环菌体（蔗糖3g，硝酸钠0.3g，磷酸氢二钾0.1g，氯化钾0.05g，七水硫酸镁0.05g，硫酸亚铁0.001g，水100mL），培养基中放入玻璃珠以打碎菌丝体，放入28℃、180rpm的摇床上培养24h，获得均匀菌液。将查氏固体培养基倒入直径9cm的培养皿中，用移液器吸取200μL已培养好的菌液至皿内固体培养基表面（在查氏液体培养基的基础上加入2%的琼脂），并涂布均匀，晾干。在已涂布好菌液的固体培养基上放入3—4个牛津杯，用移液枪在牛津杯中加入防霉剂至液面凸出，用生理盐水做空白对照。盖上培养皿盖，在28℃培养箱中培养，直至可以看到清楚的抑菌圈，分别用游标卡尺交叉测定其抑菌圈直径大小。

1.4 防霉剂的安全性实验

1.4.1 热老化

将四种颜色丝织品按1.1所述规格裁好，其中一组做空白对照，去离子水浸泡1小时，另一组用药剂CM-1浸泡1小时，将两组丝织品挂放在恒温恒湿实验箱中，设置温度100℃，时间30天。

1.4.2 酸水解老化

将各种颜色的丝织品按1.1所述规格裁好，其中一组做空白对照，只浸上去离子水，另一组用药剂CM-1浸湿，将两组丝织品放在pH值为5.0的醋酸—醋酸钠缓冲溶液中。50℃温度下水解30天。

1.4.3 碱水解老化

方法同酸水解老化，不同处在于用pH值为8.3的碳酸氢钠溶液代替醋酸—醋酸钠缓冲溶液。

1.4.4 光老化

将各种颜色的丝织品按1.1所述规格裁好，其中一组做空白对照，只浸去离子水，另一组用药剂CM-1浸湿，将两组丝织品放在氙灯实验箱中，样品相互不能遮挡，确保氙灯能均匀照在每条丝织品上。老化时间20天[2,9]。

1.5 安全性实验测试方法

①色差　利用积分球分光测色仪，型号为X-Rite SP60。丝织品晾干后测试。测试老化后药剂对丝织品颜色的影响。每个样品测三次，取平均值。

②红外光谱　利用岛津傅里叶变换红外光谱仪的衰减全反射附件测试老化后药剂对丝织品的化学结构是否产生影响。

③XRD测试老化后药剂对丝织品的物理结构是否产生影响，即丝织品的结晶度是否有变化。

④万能试验机 测试老化后药剂对丝织品的强度是否产生影响,每个样品测试 5 个平行实验。

⑤扫描电镜观察老化后药剂对丝织品表面光滑度是否产生影响。由于丝织品不导电,再利用电镜观察之前要给样品做前处理,将样品用导电胶粘在样品台上,喷金 10 秒后再观察。

2 实验结果与讨论

2.1 防霉剂 CM-1 的抑菌实验

由抑菌试验可知,该药剂对有机质文物上常见的 11 种霉菌均有很好的抑制作用,结果见图 7-1 及表 7-1。

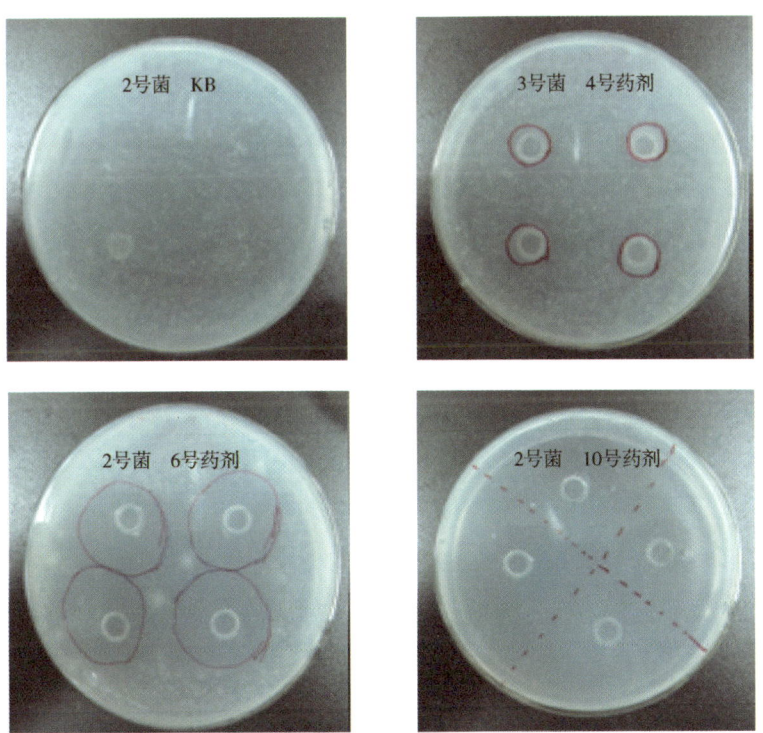

图 7-1　防霉剂对几种菌的抑制效果图

表 7-1 药剂对霉菌的抑制结果

霉菌种类	橘青霉	产黄青霉	白边青霉	查尔斯青霉	黑曲霉	黄曲霉	焦曲霉	枝孢霉	交链孢霉	林木毛霉	葡枝根霉
抑制直径	完全抑制	完全抑制	完全抑制	完全抑制	未完全抑制	完全抑制	完全抑制	未完全抑制	完全抑制	完全抑制	完全抑制

防霉剂 CM-1 除对 5 号菌和 8 号菌不能完全抑制，但抑菌直径也达到了 3.5 厘米，未完全抑制菌株的生长，对其他几种文物上常见霉菌都能完全抑制，具有广谱性，抑菌效果强。

2.2 防霉剂 CM-1 对老化丝织品颜色的影响

一种理想的丝织品防霉剂，不仅具有较高的防霉变和保护丝织品外貌的能力，不使织物的色料偏离本色，还应具有抑制丝织品颜色自然蜕变的特性。

2.2.1 防霉剂 CM-1 对老化丝织品颜色的影响

为了测试防霉剂 CM-1 对丝织品颜色是否具有影响，测试了丝织品经几种老化处理后空白与样品的色差值 ΔE，结果见表 7-2。在计算色差时采用国际照明委员会推荐的表示色差的公式[8]。$\Delta E = \sqrt{(\Delta L^*)^2 + (\Delta a^*)^2 + (\Delta b^*)^2}$，$\Delta L^*$ 为明度差，Δa^* 为红绿色品差，Δb^* 为蓝黄色品差。ΔE 值越大，颜色变化越明显。由表 7-2 可知，不同颜色和质地蚕丝在不同老化条件下色差值均有不同，大部分 ΔE 值在 1—3 之间，说明防霉剂可以应用于这部分数值对应的丝织品。从表 7-2 还可以看出大部分颜色桑蚕丝 ΔE 值小于对应的柞蚕丝，推断这可能是由两种丝织品的织造和染色工艺不同引起的。碱老化对丝织品颜色的影响比其他三种老化方式大，这提醒我们在丝织品修复和保存中要注意避免碱的腐蚀。碱老化对桑绿和柞绿与热老化、光老化对柞白的色差影响值超过 $\Delta E \geqslant 5$ 的范围，该防霉剂不适合这些颜色质地丝织品的防霉。

表7-2 色差结果

老化方式 织物颜色	热老化	酸老化	碱老化	光老化
桑白	1.06	1.18	3.33	1.32
桑红	1.66	1.13	3.70	1.49
桑蓝	1.24	1.21	2.20	1.25
桑绿	1.54	1.03	6.82	1.46
柞白	5.05	2.55	3.92	6.09
柞红	1.63	1.85	3.43	1.28
柞蓝	3.51	4.11	4.82	3.29
柞绿	1.68	1.32	8.08	1.83

2.2.2 防霉剂CM-1对丝织品颜色老化的影响

为了测试防霉剂对丝织品颜色是否具有防老化作用,对比空白和喷了防霉剂丝织品老化前和老化后颜色的变化。将老化前丝与老化后丝色差变化作为空白对照$\Delta E_{空白}$[10],老化前丝与喷了药剂老化后的丝色差变化作为样品$\Delta E_{样品}$,由图7-2可知,除碱水解条件下的桑绿和柞绿$\Delta E_{样品} - \Delta E_{空白}$分别为4.8和3.6外,大部分柱子都在纵坐标"0"附近或以下,最小可达"-20"值,说明该防霉剂对大部分丝织品具有抑制褪色的作用,尤其是对红色、蓝色桑蚕丝和绿色柞蚕丝的效果尤佳,色差影响值越小,抑制褪色效果越明显。以红色为例,图7-3所示为药剂能有效抑制红色桑蚕丝褪色的实验结果。

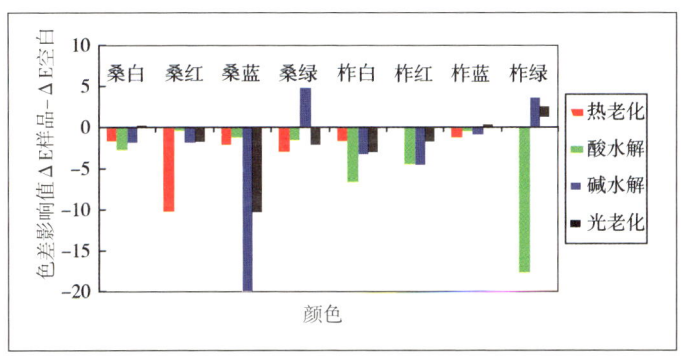

图7-2 防霉剂对老化丝织品颜色影响的分析结果

图 7-3　药剂抑制红色桑蚕丝褪色

2.3　防霉剂 CM-1 对老化丝织品化学结构的影响

选择老化后白色空白和样品，测试其红外光谱做对比研究，所测图谱见图 7-4、图 7-5，光谱特征吸收峰数据见表 7-3。从 IR 图谱可以看出，3270cm^{-1}附近为 N-H 的伸缩振动峰 ν_{N-H}；2970cm^{-1} 和 2930cm^{-1} 附近为 -CH$_3$、-CH$_2$- 的反对称伸缩振动吸收峰；1620cm^{-1} 附近为 C=O 的伸缩振动峰 $\nu_{C=O}$ 酰胺Ⅰ带，1515cm^{-1} 附近为 N-H 的弯曲振动峰 δ_{N-H} 酰胺Ⅱ带，1230cm^{-1} 附近为 C-N 的伸缩振动峰 ν_{C-N} 酰胺Ⅲ带[11]。由图可看出，桑蚕丝在酰胺Ⅱ带、ν_{N-C} 吸收分别高于柞蚕丝 4cm^{-1}、12cm^{-1}，可以作为区分桑蚕丝和柞蚕丝的一个指标。老化后空白对照和样品在红外谱图上未表现出差异，说明药剂对丝织品化学组成没有明显影响。

表 7-3　丝纤维红外吸收峰归属（cm^{-1}）

老化样品	ν_{N-H}	酰胺Ⅰ	酰胺Ⅲ	ν_{CH3}	ν_{CH2}	ν_{N-C}	ν_{O-C}
桑白对照	3279	1620	1443	2971	2930	1232	1067
热老化桑白	3279	1620	1443	2966	2931	1231	1070
酸解桑白	3279	1620	1443	2966	2928	1232	1067
碱解桑白	3279	1620	1443	2970	2926	1232	1068
光老化桑白	3279	1620	1443	2971	2930	1232	1067
柞白对照	3273	1624	1445	2970	2928	1221	1051
热老化柞白	3273	1624	1445	2972	2928	1221	1050
酸解柞白	3271	1624	1445	2970	2931	1221	1051
碱解柞白	3271	1622	1445	2970	2931	1221	1051
光老化柞白	3273	1624	1445	2970	2928	1221	1051

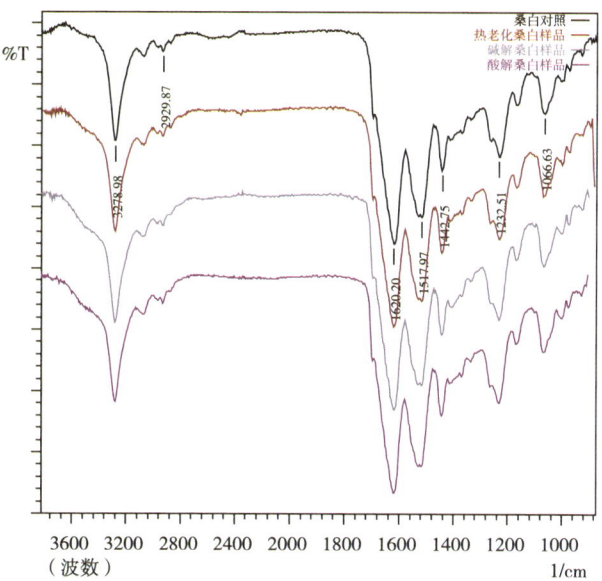

图7-4 老化后白色桑蚕丝红外光谱图

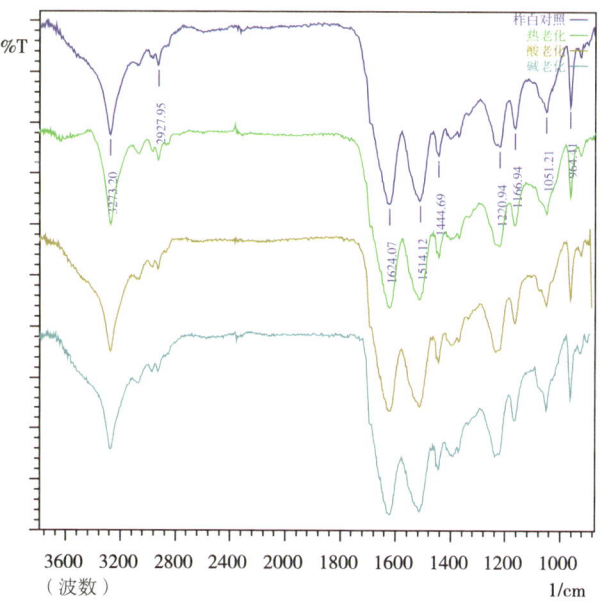

图7-5 老化后白色柞蚕丝的红外光谱图

2.4 防霉剂 CM-1 对老化丝织品物理结构的影响

蚕丝是由微结晶和非晶链分子沿纤维轴方向定向排列，但不是完全定向排列，因此有一定的定向度和结晶度。测量丝织品结晶度常用的方法为X-射线衍射。对经过几种老化后白色丝织品测X-射线衍射（见图7-6）。由 XRD 图可见，空白和样品的峰位、峰形、峰宽及其走势一致。通过计算得到相对结晶度值（见表7-4），老化后样品和空白对比的结晶度值基本没有发生变化。结合图表可知药剂对丝织品的结晶度没有影响，即药剂对丝纤维的次级键（氢键、范德华力等）没有影响。另外由衍射图知，桑蚕丝

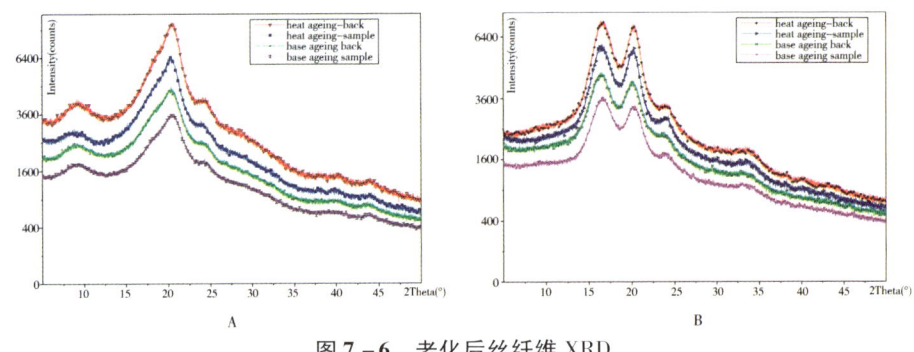

图 7-6 老化后丝纤维 XRD

（A 为白色桑蚕丝，B 为白色柞蚕丝）

表 7-4 老化后丝纤维的结晶度

老化方式	样品	结晶度（%）	
		白桑丝	白柞丝
热老化	空白	4.40	8.88
	样品	4.24	10.22
酸老化	空白	5.26	6.59
	样品	4.98	10.70
碱老化	空白	4.62	8.12
	样品	5.36	9.17
光老化	空白	4.37	7.93
	样品	3.88	5.26

和柞蚕丝 XRD 有较大区别,桑蚕丝最大强度衍射峰只有一个,2θ 角为 $20°$ 附近,而柞蚕丝的最大强度衍射峰为两个,2θ 角分别在 $17°$ 和 $20°$ 附近,可以用此来区分桑蚕丝和柞蚕丝。由相对结晶度值可以看出,在实验环境相同的条件下,柞蚕丝的结晶度比对应的桑蚕丝高,说明它们有物理结构上的区别。

2.5 防霉剂 CM-1 对老化丝织品表面形貌的影响

对经热老化后的白色桑蚕丝做扫描电镜对照图,放大倍分别为数 200 倍和 4000 倍。电镜下 200 倍时可以看见一簇纤维,由于放大倍数相对较小,不能看清楚每根纤维的表面形貌,就图片来说,样品和空白没有明显差别。但当 SEM 放大 4000 倍时,从图上可以清楚地看到,A 图桑蚕丝热老化后空白对照,表面有轻微的凹面和微小的瑕疵,表现在局部泛白,看起来不平整光滑,显得轻微粗糙,而 B 图为样品喷防霉剂经热老化后表面依然比较平滑。说明该防霉剂同时具有抗热老化的性质。

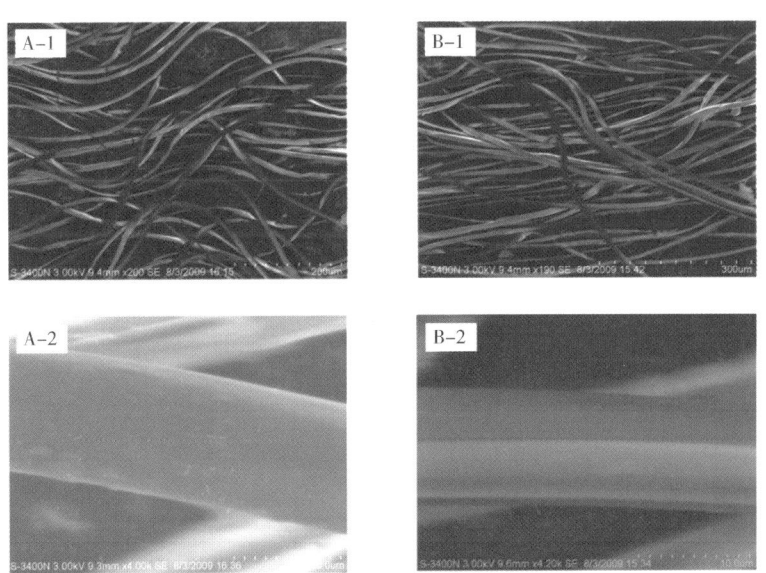

图 7-7 扫描电镜图

(A-1、A-2 为空白对照,B-1、B-2 为样品;A-1、B-1 放大 200 倍,A-2、B-2 为放大 4000 倍)

2.6 防霉剂CM-1对老化丝织品强度的影响

经过几种老化后对白色丝织品强度做拉力对照实验,所得数据见表7-5及图7-8。结合图表可知,碱水解老化后空白和样品抗拉强度差别较大,差值为231N,药剂有对抗碱性作用,在强度上降低了自然蜕变。其他几种老化的空白和样品在强度上差别相对较小,数值在-79—30之间,说明药剂对丝织品强度没有明显影响。桑蚕丝经老化后空白对照和样品的拉力强度均大于柞蚕丝,这与桑蚕丝的品质和密度一致。从图7-8中还可看出,柞蚕丝载荷为200N附近对照和样品均出现一平台,随着拉伸距离的增大,载荷数相对增加较小,此现象与柞蚕丝的织造密度相关。从各种老化后的强度最大值和断裂点可看出,各种老化对桑蚕丝和柞蚕丝的影响不一,对桑蚕丝织物强度的影响顺序为:热老化>光老化>酸水解老化>碱水解老化;对柞蚕丝织物强度的影响顺序为:酸水解老化>热老化>光老化>

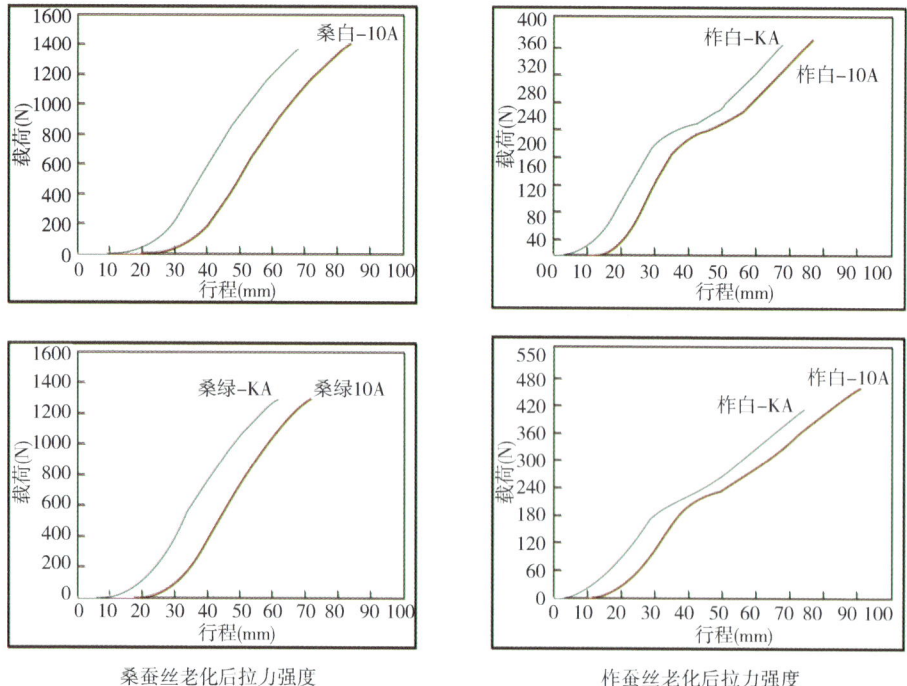

桑蚕丝老化后拉力强度　　　　　柞蚕丝老化后拉力强度

图7-8　部分丝织品老化后的拉力强度对比

碱水解老化。两者耐老化顺序说明桑蚕丝和柞蚕丝的耐酸老化程度不同。丝织品应该在避光低温的条件下保存最佳，可以延缓其蜕变与降解。

表7-5 部分丝织品老化后强度数据（N）

老化方式	白色桑蚕丝		偏差	白色柞蚕丝		偏差
	最大值（N）	断裂点（N）	（N）最大值/断裂点	最大值（N）	断裂点（N）	（N）最大值/断裂点
热老化	1266（1252）	1266（1251）	14/15	333（342）	332（341）	-9/-9
酸水解老化	1410（1380）	1392（1375）	30/17	399（465）	386（465）	-66/-79
碱水解老化	1565（1334）	1565（1334）	231/231	462（416）	461（416）	46/45
光老化	1198（1172）	1189（1172）	26/17	302（300）	302（300）	2/2

注：括号前数据为样品，括号中数据为空白对照；偏差 = 样品 最大值/断裂点 − 空白 最大值/断裂点

3 结论

本文通过防霉抑菌和模拟环境加速老化，试验了一种用于丝织品防霉的药剂。以有机质文物上常见的11种霉菌为例，通过皿内抑菌实验检验了药剂的防霉效果，结果表明该药剂防霉效果强，具有广谱性。通过模拟环境加速老化，测试药剂对丝织品的安全性，即药剂对丝织品物理和化学结构的后期影响，检测手段有色差、红外光谱、扫描电镜、万能试验机、X-射线衍射等。结果表明，药剂对丝织品没有副作用，且能有效抑制有色丝织物褪色，还能抵御热老化、碱性环境的水解老化，起到保护丝织品的作用。对古代丝织品的保护提供了一条新途径。

实验数据与图谱：

1）各种丝织品样品喷涂防霉剂后的显微图片（右下角数据为放大倍数与尺寸）

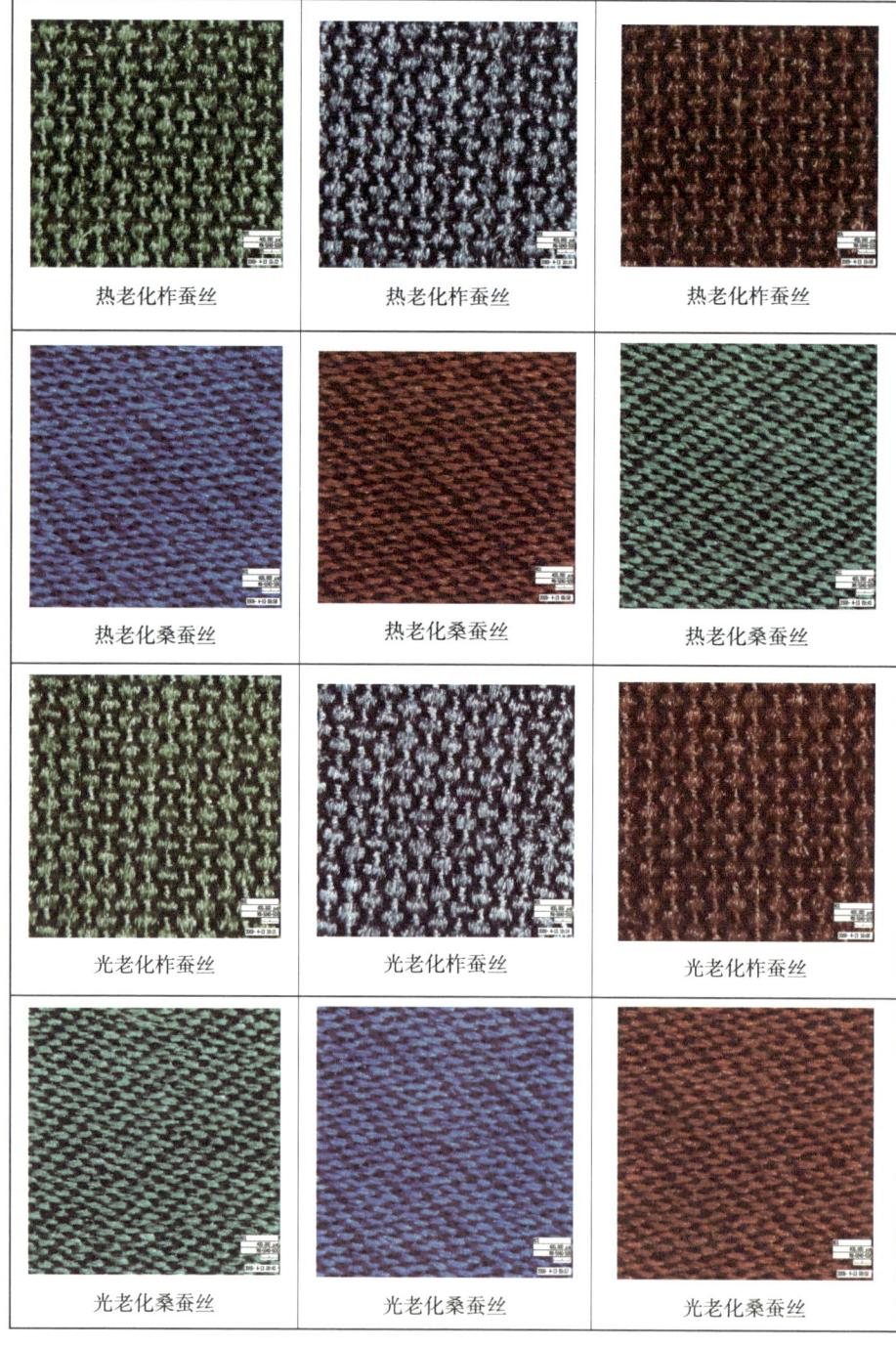

下篇 微生物的防治 | 91

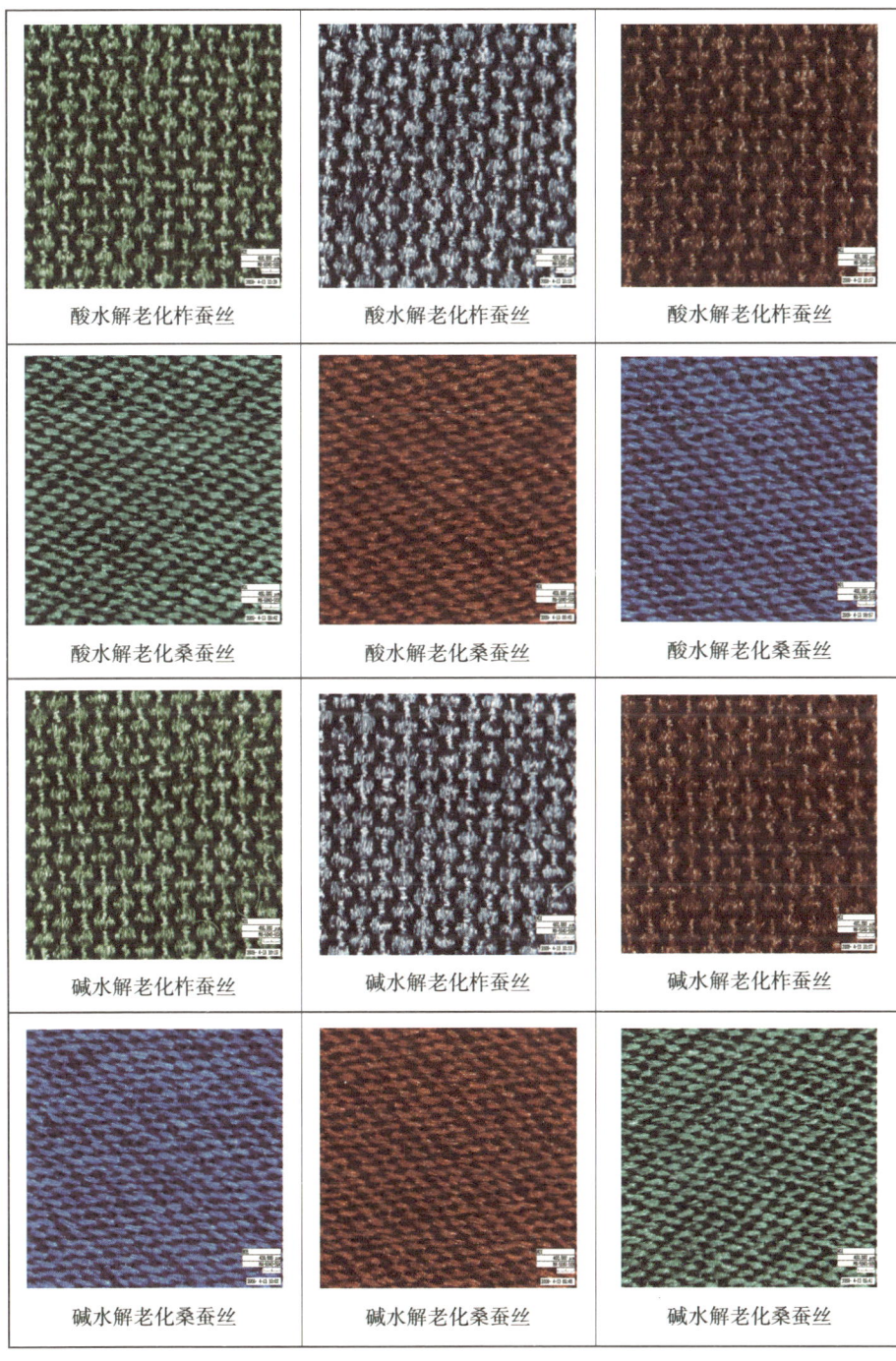

2)部分丝织品样品喷涂防霉剂后的老化色差图

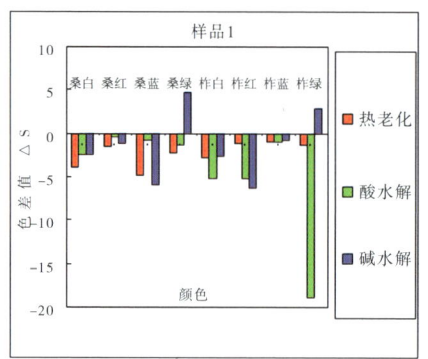

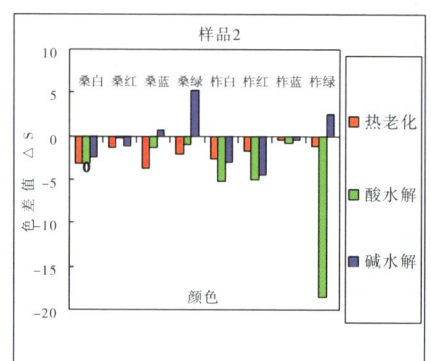

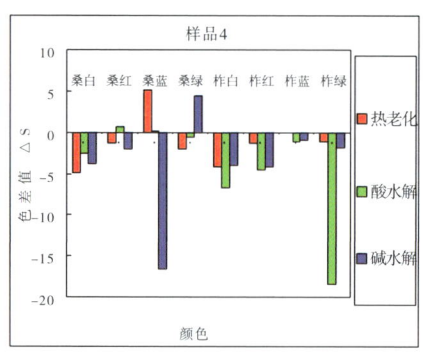

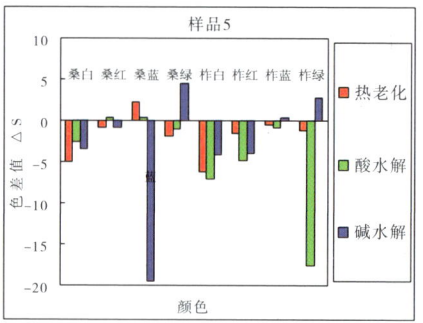

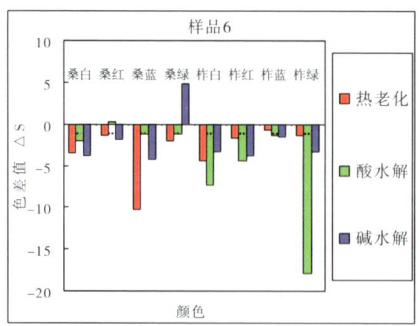

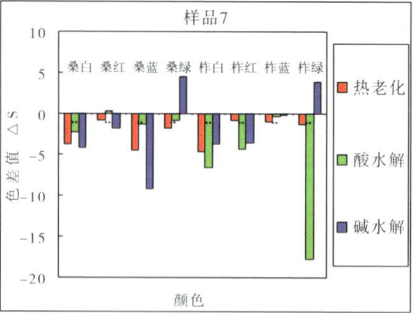

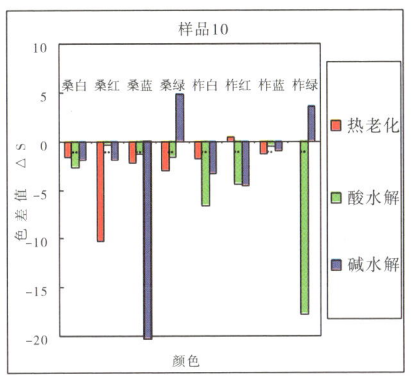
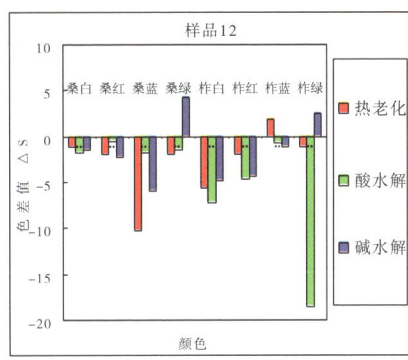
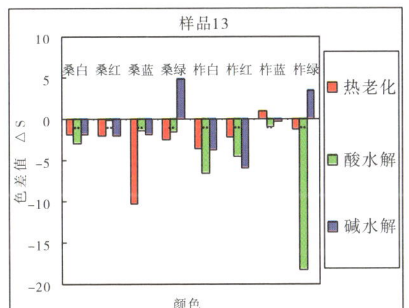
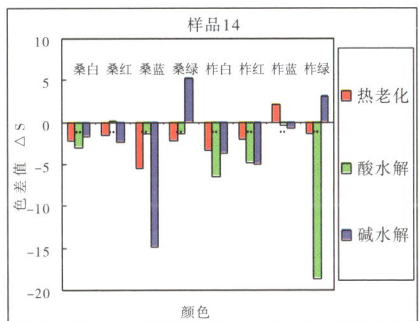
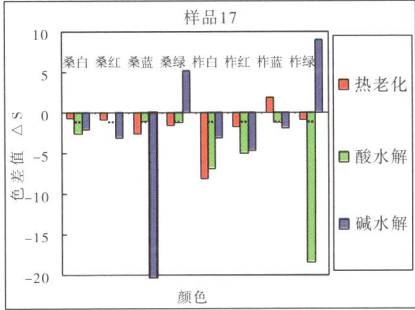

3）部分丝织品样品喷涂防霉剂后的红外光谱图

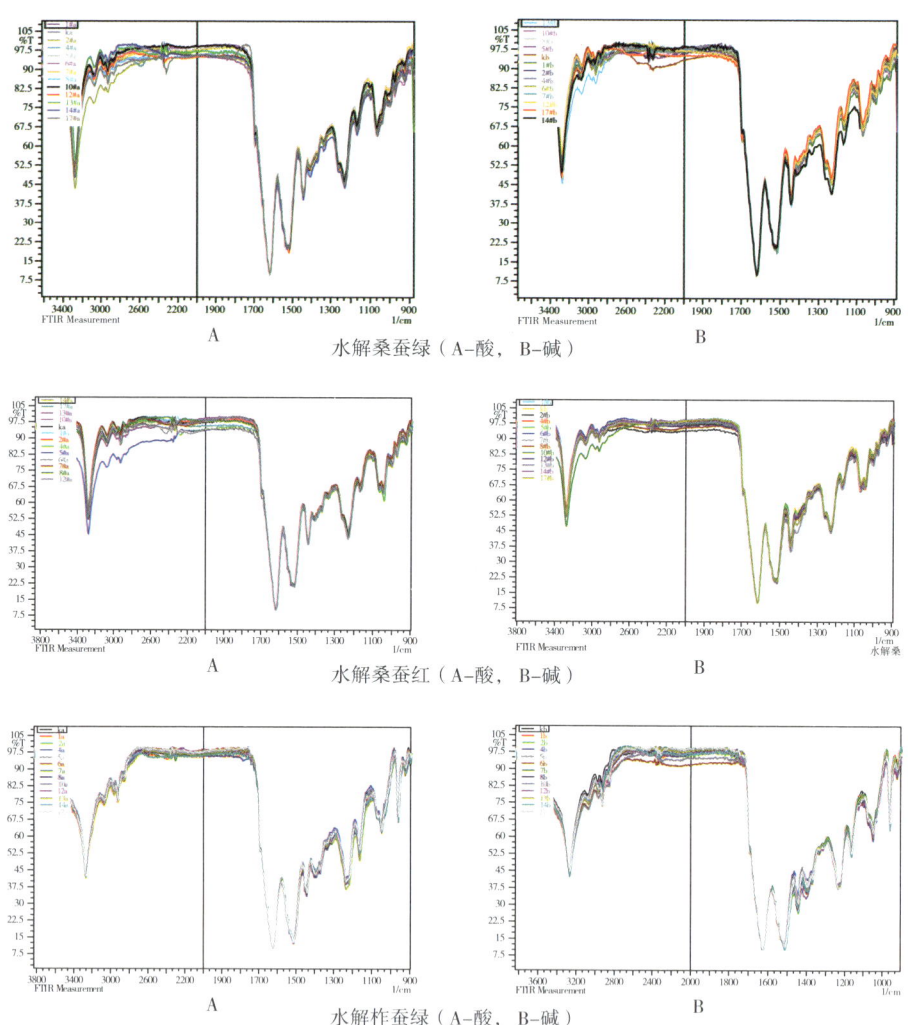

水解桑蚕绿（A-酸，B-碱）

水解桑蚕红（A-酸，B-碱）

水解柞蚕绿（A-酸，B-碱）

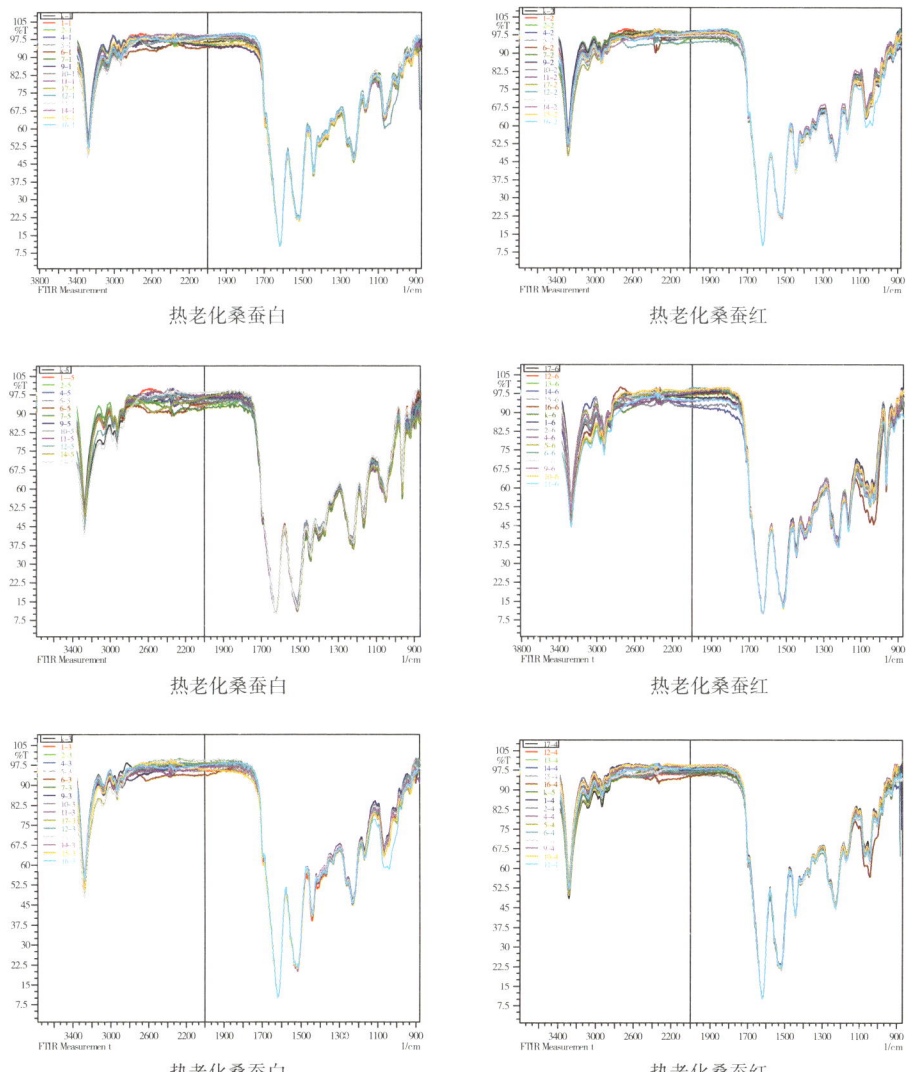

热老化桑蚕白　　　　　　　　　热老化桑蚕红

热老化桑蚕白　　　　　　　　　热老化桑蚕红

热老化桑蚕白　　　　　　　　　热老化桑蚕红

4）部分丝织品样品喷涂防霉剂后的抗拉强度对比

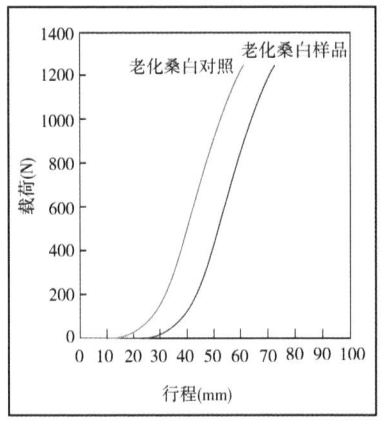

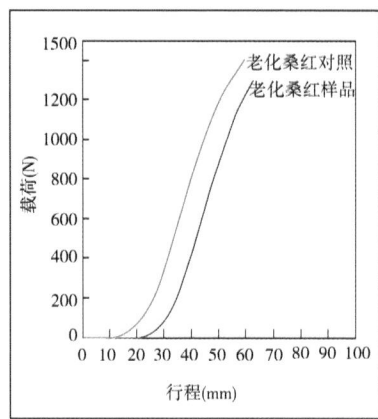

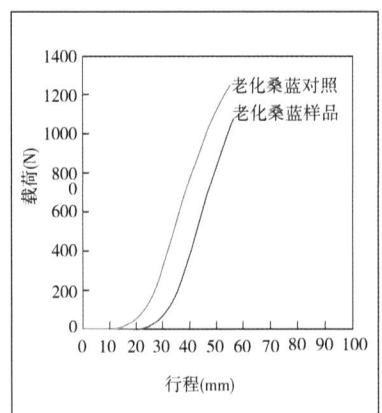

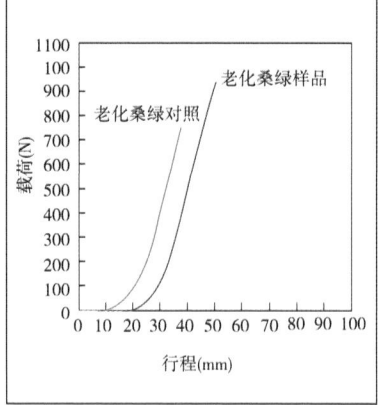

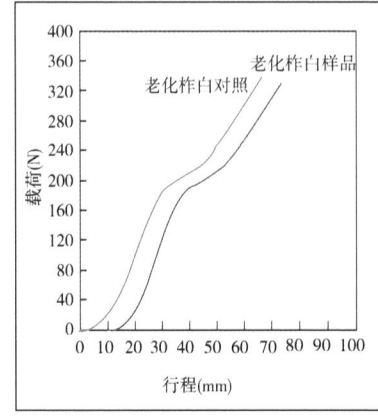

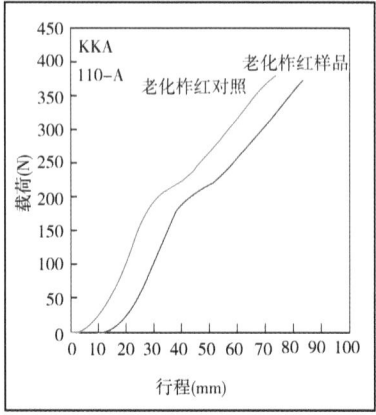

5）部分丝织品样品喷涂防霉剂后的扫描电镜图

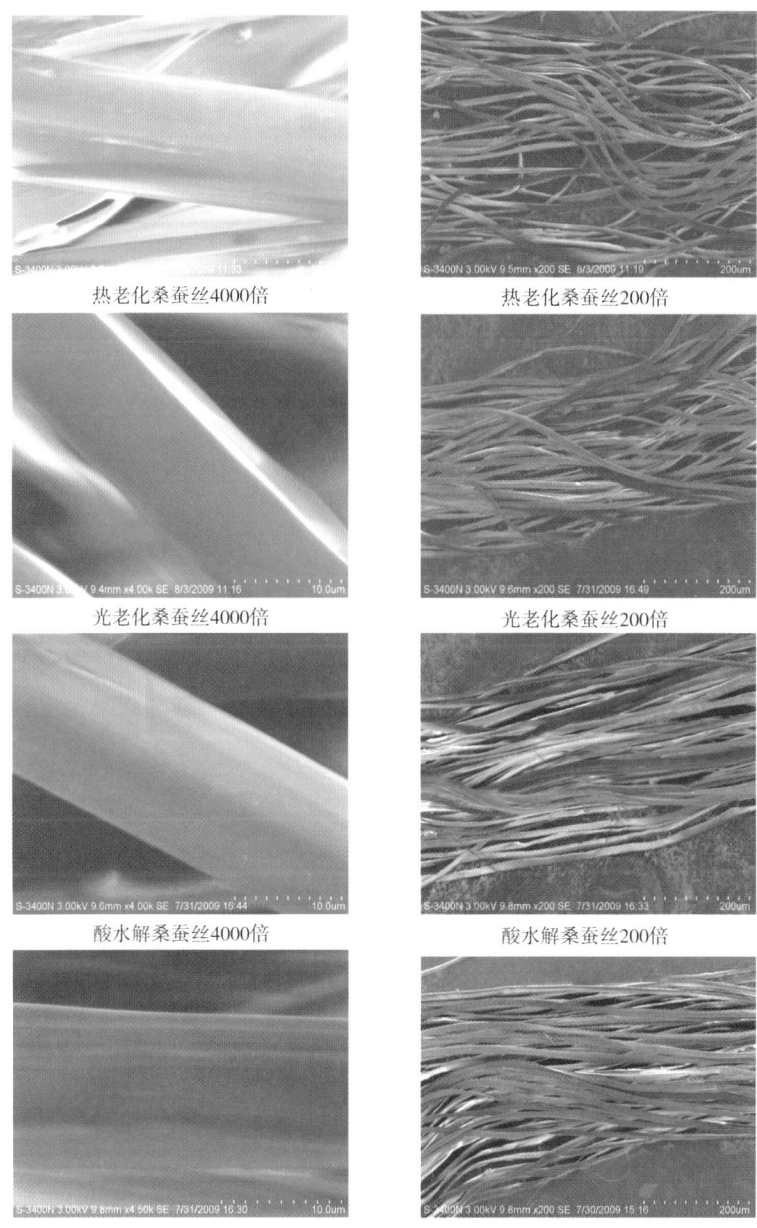

热老化桑蚕丝4000倍　　　　　热老化桑蚕丝200倍

光老化桑蚕丝4000倍　　　　　光老化桑蚕丝200倍

酸水解桑蚕丝4000倍　　　　　酸水解桑蚕丝200倍

碱水解桑蚕丝4000倍　　　　　碱水解桑蚕丝200倍

6）部分丝织品样品喷涂防霉剂后的 X-射线衍射对比

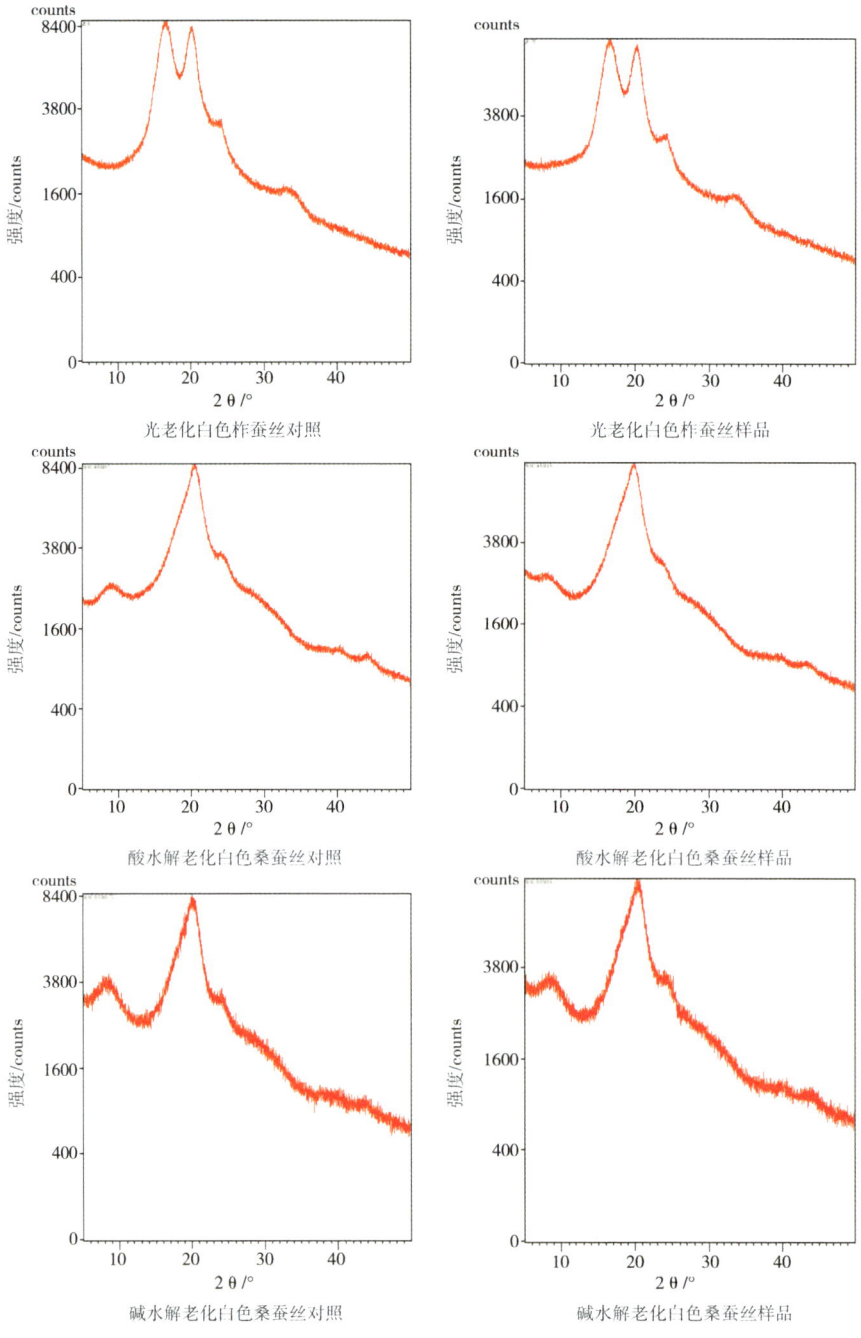

参考文献

[1] 郭丽珠，张美芳，张建华. 档案保护技术学教程［M］. 北京：中国人民大学出版社，1999. 183 – 204.

[2] Abdel – kareem O. M. A. the long – term effect of selected conservation materials used in the treatment of museum artefacts on some properties of textiles［J］. polymer degradation and stability. 2005，87：121 – 130.

[3] 吴昊，陈辉，胡剑斌. 纳他霉素在丝织品上的抑菌实验研究［J］. 文物保护与考古科学，2008，20（1）：105 – 109.

[4] 王丽琴，王蕙贞，宋迪生. 新型防腐防霉剂在纺织品防腐中的应用（Ⅱ）［J］. 文物保护与考古科学，2001，13（2）：26 – 29.

[5] 马清林，苏伯民，胡之德，李最雄. 中国文物分析鉴别与科学保护［M］. 北京：科学出版社，2001：95.

[6] 王亚蓉. 法门寺塔地宫所出纺织品［J］. 文物，1998：10.

[7] 杨忙忙. 法门寺塔唐代地宫出土丝织品的灭菌剂选择［J］. 考古与文物，2004，4：94 – 96.

[8] 汤顺青. 色度学［M］. 北京：北京理工大学出版社，1990：37.

[9] Feller RL. Accelerated aging, photochemical and thermal aspects［M］. USA：the Getty conservation institute. 1994.

[10] 荆其诚. 色度［M］. 北京：科学出版社，1979：81.

[11] 陈丽萍，于伟东. 羊毛及其角朊膜显微傅里叶红外光谱对比分析［J］. 东华大学自然学报，2006，32（4）：105 – 109.

第八章　细菌的防治

细菌对人类活动有很大的影响。细菌是许多疾病的病原体，包括肺结核、淋病、炭疽病、梅毒、鼠疫等疾病，都是由细菌所引发。在植物中，细菌导致叶斑病、瘟疫病和萎蔫。感染方式包括直接接触、空气传播、食物和水传播。细菌对有机物有很强的分解能力，能彻底将有机物分解为二氧化碳和水，有些还能进行固氮和硝化作用，所以细菌在自然界的物质循环中起着重要的作用。博物馆的主体首先是人，其次是文物，文物包括有机质和无机质，有机质一般作为细菌生长的碳源，但同时需要其他营养物质、氮源、无机盐和水。这些恰是博物馆都能提供的，有机文物可以提供氮源，金属的粉状锈提供无机盐，首博空气湿度为50%以下，因此细菌很容易滋生，并对观众和文物都构成潜在危害，需要对其进行必要的防治。病原体一般用抗生素处理，抗生素分为杀菌型和抑菌型。

细菌的抑菌实验选用医学上常用的四种抗生素对首都博物馆内空气中分离到的28株优势细菌做了抑菌试验。将分离出的细菌分别接种于牛肉汤蛋白胨培养基中，28℃下，200转/分钟振荡培养18—24小时后待用。将固体培养基倒入9cm培养皿中，用移液器吸取200mL 5‰抗生素液至培养皿内固体培养基表面（在查氏液体培养基的基础上加入2%浓度的琼脂），并涂布均匀，晾干。在已涂布好药液的固体培养基上涂布200μL上述菌液，用生理盐水做空白对照。

表 8-1 四种抗生素对细菌的抑菌结果

种属	同源菌株	氨苄	卡那	四环素	氯霉素
微球菌	Micrococcus MH54	−	+	+	−
南极微球菌	Micrococcus antarcticus LY076	−	+	−	−
萎缩芽孢杆菌	Bacillus atrophaeus K01−03	−	+	−	−
巨大芽孢杆菌	Bacillus megaterium strain EWF56	−	+	−	−
芽孢杆菌	Bacillus sp. Ca7−3M04	−	+	+	−
短杆菌	Brevibacterium sp. 210_12	−	+	+	−
芽孢杆菌	Bacillus sp. B1408	−	+	+	−
考克氏菌	Kocuria sp. E7	−	+	+	−
藤黄微球菌	Micrococcus luteus strain ZFJ−12	−	+	+	−
考克氏菌	Kocuria sp. ZS2−6	−	+	−	−
芽孢乳杆菌	Planomicrobium chinense partial	−	+	−	−
考克氏菌	Kocuria sp. ZS2−6	−	+	−	−
芽孢杆菌	Bacillus sp. Z9	−	+	−	−
微球菌	Micrococcaceae bacterium BQN1R−02d	−	+	−	−
巨大芽孢杆菌	Bacillus megaterium strain LNL6	−	+	−	−
考克氏菌属	Kocuria rosea strain CV1	−	+	−	−
考克氏菌属	Kocuria sp. CTDE1	−	+	−	−
微球菌	Micrococcus sp. 0946011	−	+	−	−
微球菌	Micrococcus sp. CTDB2	−	+	−	−
单芽孢杆菌	Bacillus simplex strain REG129	−	+	−	−
藤黄微球菌	Micrococcus luteus NCTC 2665	−	+	−	−
微球菌	Micrococcus antarcticus strain LY076	−	+	−	−
微球菌	Micrococcus sp. MH54	−	+	−	−
藤黄微球菌	Micrococcus luteus NCTC 2665	−	+	−	−
浅黄假单胞菌	Pseudomonas luteola strain Marseille	−	+	+	−
栖稻假单胞菌	Pseudomonas oryzihabitans strain LMG 7040	−	+	−	−
浅黄假单胞菌	Pseudomonas luteola strain Marseille	−	+	+	−
枯草芽孢杆菌	Bacillus subtilis strain LXA10	−	+	−	−

注：+表示抑制，−表示生长。

表 8-1 所示为抑菌实验结果：其中卡那霉素的抑菌效果最好，具有广谱性；四环素抑菌效果次之；氨苄和氯霉素效果最差。需要说明的是，若要在文物上使用该系列杀菌剂，则需要做进一步研究，目标是做到杀菌剂不但要具有杀菌能力，同时也不会损坏文物的颜色、强度等。

第九章　中草药防霉剂的提取和抑菌实验

在馆藏品的储存保藏中，抑菌防腐始终是一个亟待解决的重要问题。为了延长馆藏品的保藏期限，人们在加工保藏过程中采用不同手段，使微生物丧失活性、延缓或阻止其生长。中草药由于具有"三效三小"（"三效"指高效、速效、常效，"三小"指剂量小、毒性小、副作用小）的活性特点，受到了人们的广泛关注。

从植物中寻找抗菌、杀菌活性物质是目前研究开发绿色防腐剂、杀菌剂的重要途径之一。我国拥有丰富的中草药植物资源。在查阅大量文献的基础下，本实验运用乙醇蒸馏法、水提取法两种不同处理工艺提取中药丁香、黄连中的有效抑菌成分，并采用牛津杯法定性测定了几种提取液对交链孢霉、斜卧青霉等几种常见真菌的体外抑制效果。初步探讨了几种中草药有效成分的提取方法及体外抑菌作用，为以后相关研究在方法上提供一定的参考，并为绿色植物药物在防腐保藏上的应用提供理论基础。

1　实验材料

1.1　供试药材

丁香、黄连、花椒、白芨、皂角、黄芩、乳香、蜂蜡、白矾。

1.2 供试菌种

交链孢霉、斜卧青霉、黑曲霉、黄曲霉、产黄青霉、橘青霉、枝孢霉、杂色曲霉。

1.3 仪器与试剂

恒温培养箱、高压蒸汽灭菌锅、摇床、旋转蒸发仪、索式提取器、电热套、牛津杯、培养皿、真菌培养基、乙醇。

2 实验方法

2.1 中草药提取液制备

（1）分别称取5g药材，用蒸馏水清洗一遍后，置于500mL三角瓶中，加入100mL煮沸的蒸馏水，静置浸泡2天，过滤除菌，将滤液放冰箱保存备用。

（2）分别称取5g药材，用蒸馏水清洗一遍后，置于500mL三角瓶中，加入100mL煮沸的蒸馏水，然后进行超声处理20分钟，最后静置浸泡2天，过滤除菌，将滤液放冰箱保存备用。

（3）分别称取5g药材，用蒸馏水清洗一遍后，置于500mL三角瓶中，加入50mL煮沸的蒸馏水与50mL乙醇，密封静置浸泡2天，过滤除菌，将滤液放冰箱保存备用。

（4）分别称取5g药材，用蒸馏水清洗一遍后，置于500mL三角瓶中，加入100mL乙醇，密封静置浸泡2天，过滤除菌，将滤液放冰箱保存备用。

（5）称量和溶剂的做法同上述步骤1—4，将静置改成索式提取器，加热提取后用活性炭脱色处理，处理液用旋转蒸发仪浓缩，浓缩液静置存放备用。

2.2 菌悬液的制备

将保藏的菌种取出活化后，转接到相应的试管斜面培养基培养，置于

28℃恒温箱中培养48小时。分别用接种环取少许菌体于装有无菌生理盐水的试管中，振荡均匀，制成无菌水菌悬液。

2.3 牛津杯法测定抑菌效果

将经高温高压灭菌的固体培养基冷却至50℃时，倒平板（每个培养皿约20mL培养基）上，待培养基凝固。取0.2mL活化好的菌液分别涂布于固体培养皿中，再将每个培养皿内放置两个牛津杯，实验组分别在牛津杯中加入0.2mL的中草药提取液，以无菌水为空白对照。随后放置至28℃恒温培养箱中培养数天，观察菌落生长状况。

3 结果与分析

3.1 中草药提取液对常见真菌的抑菌作用

在所选取的几种中草药中，就抑菌效果与稳定性上来看，其中黄连与丁香提取物的效果最为明显与稳定。对多种常见的真菌均有一定的抑制作用，但也存在对黑曲霉与黄曲霉抑制作用不大的情况。表9-1中列出了中草药经不同的提取方法对常见真菌的抑菌效果。

表9-1 黄连、丁香等几种中草药对常见真菌的抑菌效果

菌种	提取方法	菌落生长状况	抑菌效果
橘青霉	水浸泡	长势良好	黄连抑菌效果优于丁香，其他提取液效果较差
	水浸泡+超声	长势良好	同上
	50%乙醇浸泡	长势较差	几乎没有菌落长出，抑菌效果较好
杂色曲霉	水浸泡	长势良好	黄连抑菌效果优于丁香，其他提取液效果较差
	水浸泡+超声	长势良好	同上
	50%乙醇浸泡	长势较差	几乎没有菌落长出，抑菌效果较好
产黄青霉	水浸泡	长势良好	黄连抑菌效果明显，其他提取液效果较差
	水浸泡+超声	长势良好	同上
	50%乙醇浸泡	长势较差	几乎没有菌落长出，抑菌效果较好

续表

菌种	提取方法	菌落生长状况	抑菌效果
黄曲霉	水浸泡	长势良好	抑菌效果均不明显
	水浸泡+超声	长势良好	同上
	50%乙醇浸泡	长势较差	几乎没有菌落长出，抑菌效果较好
黑曲霉	水浸泡	长势良好	抑菌效果均不明显
	水浸泡+超声	长势良好	同上
	50%乙醇浸泡	长势较差	几乎没有菌落长出，抑菌效果较好
斜卧青霉	水浸泡	长势良好	黄连、丁香有抑菌圈，其他提取液效果较差
	水浸泡+超声	长势良好	同上
	50%乙醇浸泡	长势较差	几乎没有菌落长出，抑菌效果较好
交链孢霉	水浸泡	长势良好	黄连、丁香有抑菌圈，其他提取液效果较差
	水浸泡+超声	长势良好	同上
	50%乙醇浸泡	长势较差	几乎没有菌落长出，抑菌效果较好

结果显示，在本实验中，除了黄连与丁香，其他的中草药提取液的抑菌效果均不明显，分析其原因，可能它们的有效成分并没有很强的抑菌效果，或者在本实验的条件下（提取方法），其不能发挥出很好的抑菌效果。其中丁香与黄连对于斜卧青霉、交链孢霉、杂色曲霉、产黄青霉以及橘黄青霉均有一定的抑菌效果，而且，黄连的抑菌效果优于丁香的抑菌效果。

在水浸泡法与水浸泡外加超声处理的对比中，我们发现，二者的差异并不明显，几乎对菌落的生长状况没有太大的影响，在不同的药材中，都得到了同样的结果。药材经过50%乙醇浸泡的实验结果发现，菌落长势情况均较差，个别菌株甚至没有菌落长出。而空白的对照组也是同样的情况，我们分析认为，其中乙醇对于菌株的生长具有较大的影响，均能够抑制菌株的正常生长，这就使得不同的药材对于菌落的抑菌效果差异不大，而且观察到的抑菌效果均是乙醇造成的，而非药材提取液的作用。

部分抑菌实验效果附图如下：

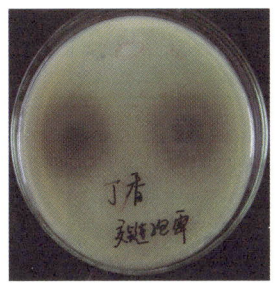 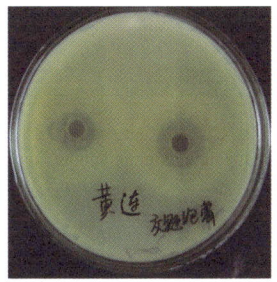 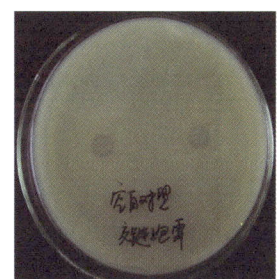

水浸泡 + 超声提取液抑菌效果图

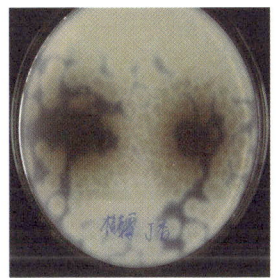 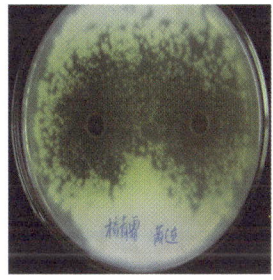 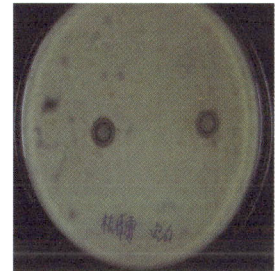

50%乙醇浸泡提取液抑菌效果图

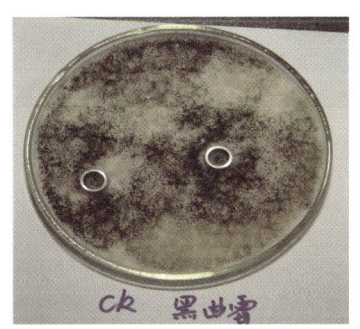 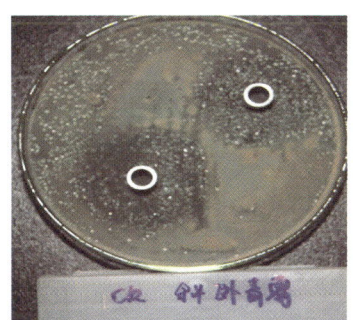

空白对照效果图

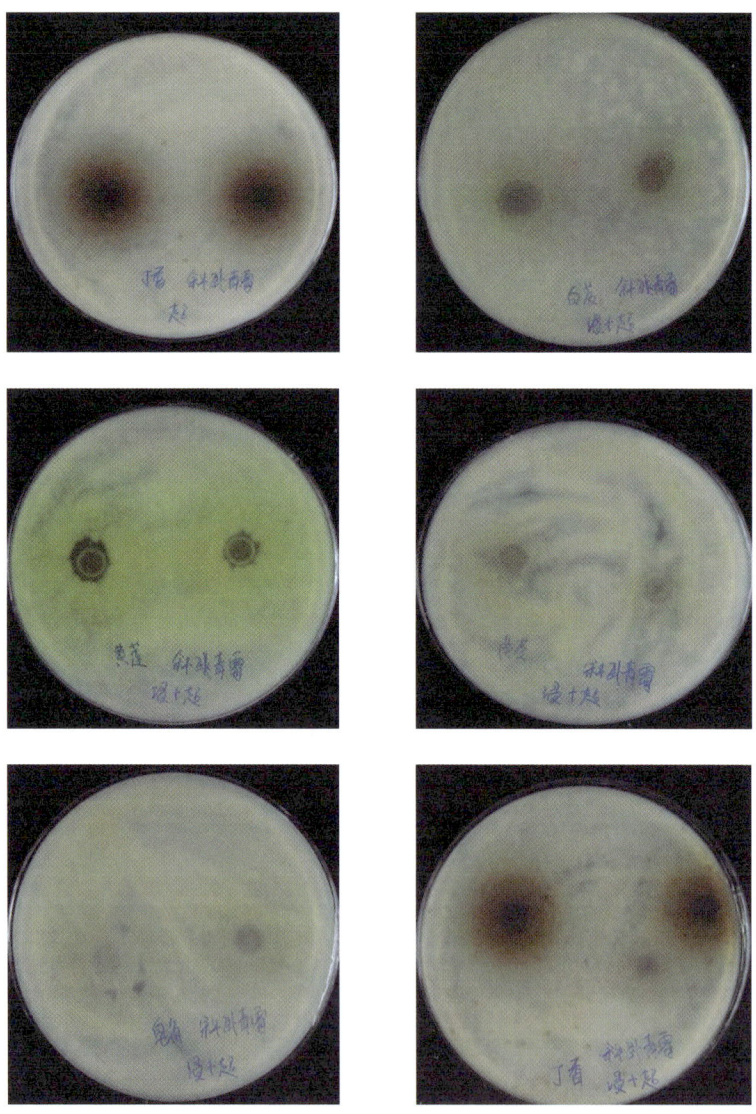

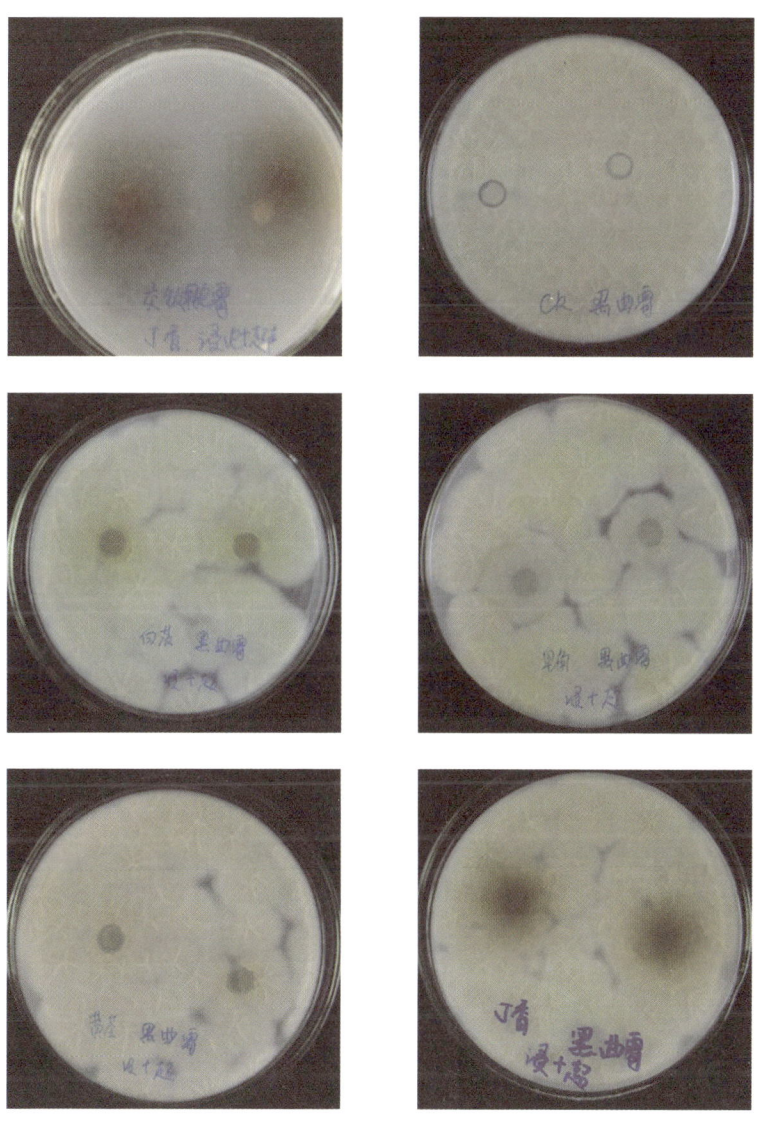

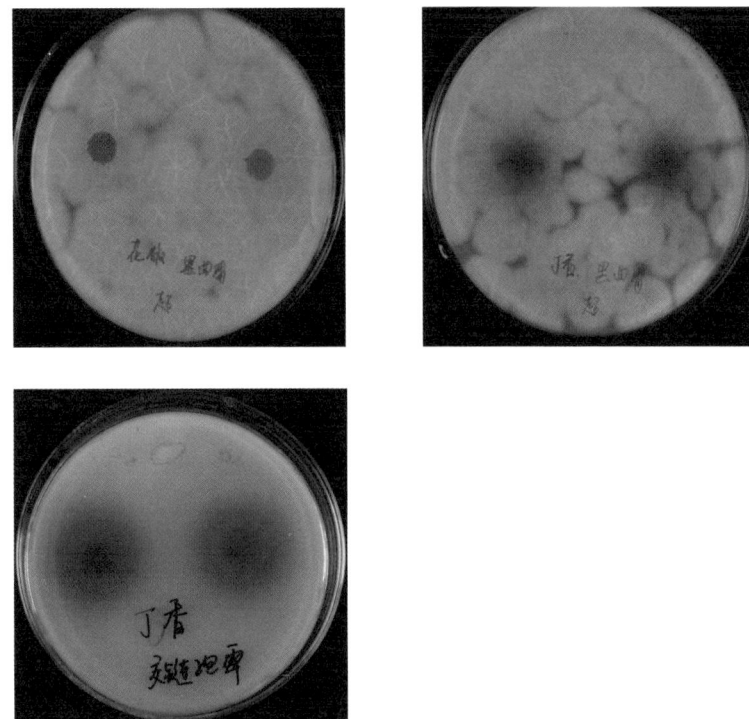

超声提取液效果图

第十章　文物除尘剂的应用研究

灰尘是细干成粉末的尘埃，如灰尘带着许多细菌病毒和虫卵到处飞扬，造成空气污染并伴随疾病。空气污染使得文物的蒙灰现象十分普遍。降尘若不及时清理就会形成一个灰尘层，灰尘层会掩盖文物信息，影响观众观展效果，更甚者灰尘会渗入文物本体，形成共生体，使得文物的整体价值下降，另外灰尘夹杂的有害物质就会危及文物的安全[1]。因此文物的除尘尤其是户外文物的除尘显得尤为重要。文物除尘有多种方法，有鸡毛掸法、超声法、竹签弃除法等[2]。本次试验主要采用的是物理方法——面团除尘，此法适用于强度相对较大的石刻、青铜器文物。依据淀粉的糊化特性，淀粉糊化的本质是水分子进入淀粉粒中，结晶相和无定形相的淀粉分子之间的氢键断裂，破坏了淀粉分子的缔合状态，分散在水中成为亲水的胶体溶液。为了使面团成团状固态，并且具有一定的黏性，需要控制面团与水的比例。加水过多，会过软以至于容易粘在被擦拭的文物上；反之没有黏性，失去了除尘的意义。最常用的面团法以莜面粉为主，但莜面粉的价格高于小麦面粉，为了达到除尘的目的，并降低文物除尘成本，需要改变面团的软硬并调节加入面粉的比例。本试验主要采用小麦面粉与具有驱虫抑菌功能的花椒和黄檗中草药汁混合、莜面粉与中草药汁混合以及莜面粉和小麦面粉按不同比例与中草药汁混合而成的面团，通过 TA – XT – Plus 型物性仪测试对比最大黏度、黏丝距离、黏附性的不同。将不同面团擦拭裁纸板后，静置落灰，3 个月后进行菌落计数，由此能够得到一种经济适用的文物除尘剂。

1 实验仪器与材料

1.1 实验材料

英国 SMS 公司生产的 TA-XT-Plus 型物性仪（以下简称"物性仪"），附件为 SMS P/1S，电子天平，武川莜面、富强面粉、15g 黄檗、15g 花椒、2000mL 清水，铝盆若干，500mL 量筒一个，5000mL 量筒一个，湿纱布或锅盖若干，电磁炉一台。

1.2 实验过程

（1）取 2000mL 清水、15g 花椒、15g 黄檗，熬制 15 分钟，使中药的成分充分溶在水中。滤去花椒、黄檗制成中药汁，并持续保温待用。

（2）按照小麦面粉、莜面粉混合比例分别称取纯莜面粉（200g）、3∶1（150g 莜面粉，50g 小麦面粉）、1∶1（100g 莜面粉，100g 小麦面粉）、1∶3（50g 莜面粉，150g 小麦面粉）、纯小麦面粉（200g）各四份置于盆中，待用。

（3）用量筒取一次实验所需的中药汁（实验用含量为 100mL、120mL、150mL、180mL），将量取好的中药汁缓缓注入面粉中，并用玻璃棒不断搅拌，直至中药汁充分融入面粉中，将面团和均匀后，用湿纱布或锅盖将铝盆罩住形成封闭环境。

（4）将混好中药汁的面团分成三份，一份为原面，第二份用移液器加入 1mL 甘油，第三份加入 1mL 甘油和 1mL 金纺，将甘油、金纺充分揉进面团，揉成圆柱形面团，并封闭处理待测。

（5）取出其中一团面团用美术刀切片，将贴合刀具的一面向上，置于试验台上，用物性仪，参数设定为：探头测前速度：2mm/sec；测中速度：0.5mm/sec；测后速度：10mm/sec；Applied Force（施加力）：300.0g；Return Distance（返回距离）：15mm；Contact Time（接触时间）：5.0sec；接触力：5.0g；Proportional Gain：50；Integral Gain：20；Differential Gain：5；Max. Tracking Speed：5.0mm/sec。每个实验重复 6 次。

1.3 测试曲线

用物性仪测试面团的黏附性时，得到的图形见图 10-1。重要参考数值有最大黏度、黏附性、黏丝距离。

最大黏度：如图所示峰值为最大黏度。

黏附性：力在图中阴影面积内所做的功，就是面团的黏附性。

黏丝距离：探头从接触面团到离开面团的时间内的距离，即面团的黏丝距离，图中锚点 1 和锚点 2 之间的距离就是黏丝距离。

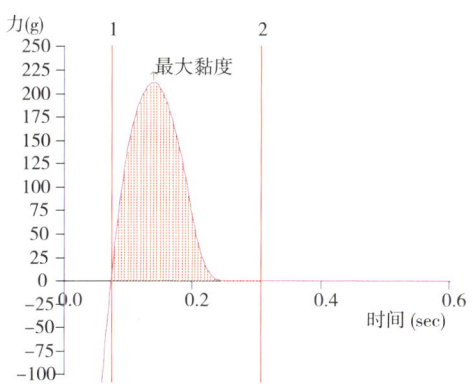

图 10-1　黏附性曲线

1.4 菌落计数

采样：用灭菌后的棉签在 5cm×5cm 大小的样板上均匀涂擦，然后将棉签放在 5mL 的灭菌生理盐水中，摇匀稀释备用。

梯度稀释：从采样的试管中取 0.5mL 样加入到 4.5mL 的生理盐水中，即稀释 10 倍，依次稀释。

接种：揭开测试片覆盖薄膜，用移液枪分别取不同稀释度的样品匀液 1mL 于无纺布棉垫上。待液体完全被无纺布棉垫吸收后，盖上覆盖薄膜，每个稀释度接种两张测试片。

培养：将测试片正置于培养箱中培养 2—3 天，观察结果并做记录。

2 结果与分析

2.1 浓度对面团黏性的影响

两种面粉的质量固定为200克,分别加入不同体积的中草药汁,测试一系列参数(图10-2),结果见表1,由表9-1可知,相同条件下,浓度越小的面团最大黏度、黏附性和黏丝距离越大。黏丝距离过大则说明面团粘在探头上并出现拖拉现象。应用到实际除尘中,若产生拖拉现象,可能会破坏待擦拭物且对其造成二次污染。当两种面粉分别混合150mL、120mL中药汁做相同浓度对比实验时,面粉揉成的面团黏度大,易黏住手和盆,不利于测试,不符合实验目的。对同一种面团来说,对比原面团、加入甘油以及甘油和金纺三种面团,最大黏度、黏附性和黏丝距离都会随着添加剂种类的增加而增加,这也符合物理规律,添加剂都是液体,随着液体体积增加面团相应变软。100mL中药面团与180mL中药莜面团测试结果比较,在浓度相差较大的情况下,依然是低浓度面团的三种参数均大于莜面团,于是对两种原料的成分做了对比研究。小麦面粉和莜面粉主要成分见表9-2。

表9-1 面粉和莜面不同条件下黏附力参数

面团种类	原面团			原面团+1mL甘油			原面团+1mL甘油+1mL金纺		
	最大黏度/g	黏附性/g·sec	黏丝距离/mm	最大黏度/g	黏附性/g·sec	黏丝距离/mm	最大黏度/g	黏附性/g·sec	黏丝距离/mm
面粉100mL	109.11	4.76	0.92	125.32	5.58	0.94	139.18	7.03	1.08
面粉120mL	169.89	11.38	1.56	176.60	14.28	2.04	198.13	17.28	2.10
莜面150mL	23.29	0.70	0.63	24.91	0.79	0.65	26.08	0.82	0.65
莜面180mL	24.03	1.00	0.68	28.44	0.95	0.71	31.35	1.09	0.87

表9-2 面粉和莜面主要成分

面团种类	直链淀粉(%)	支链淀粉(%)	蛋白质(g)	脂肪(g)
小麦面粉	21—26	74—78	10.3	1.1
莜面粉	23—25	75—77	15.6	8.5

(1) 直链淀粉对面团黏度的影响

据张鹏的研究显示,面团黏度与面粉中粗淀粉含量没有明显的相关性,但与直链淀粉含量呈显著负相关,这说明面粉中直链淀粉越少面团黏度越大[3]。由表9-2可知,小麦面粉和莜面粉的直链淀粉含量差距并不明显,因此,影响小麦面粉和莜面粉黏度的不是直链淀粉。

(2) 蛋白质对面团黏度的影响

张华文的研究结果指出了面团黏度与蛋白质含量也有相关性,蛋白质含量越高,相同条件下其黏度值就越小,莜面粉中蛋白质含量是小麦面粉的1.5倍[4]。随蛋白质含量的增加,在面团搅拌过程中,由于氧的渗入,可使面筋蛋白中的含硫氨基酸(约占蛋白质氨基酸总量的10%)的硫氰基氧化成不易断裂的二硫键,形成大分子的网状结构,增强面团保持气体的能力和面团强度,降低面团黏度。小麦面粉的蛋白质含量低于莜面面粉,莜面面粉的黏度比小麦面粉低,粗蛋白含量与面团黏度呈负相关性的原因[5],符合实验结果。因此可以得出,蛋白质含量影响小麦面粉和莜面粉黏度。

(3) 脂肪对面团黏度的影响

脂肪含量越多,面团的黏度越小,莜面粉的脂肪含量高于小麦面粉,小麦面粉的黏性大于莜麦面粉,符合实验结果。

综上,影响小麦面粉和莜面粉黏度的主要原因是蛋白质和脂肪含量。

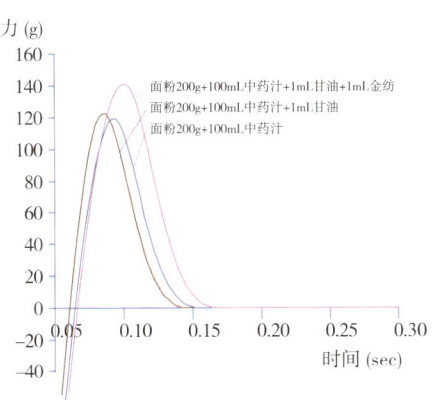
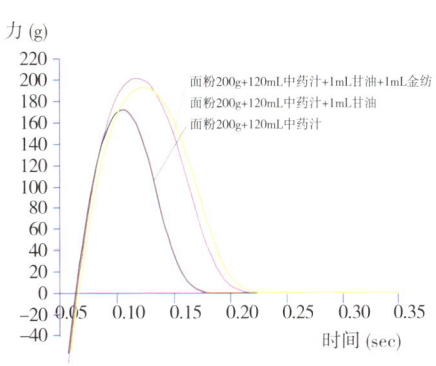

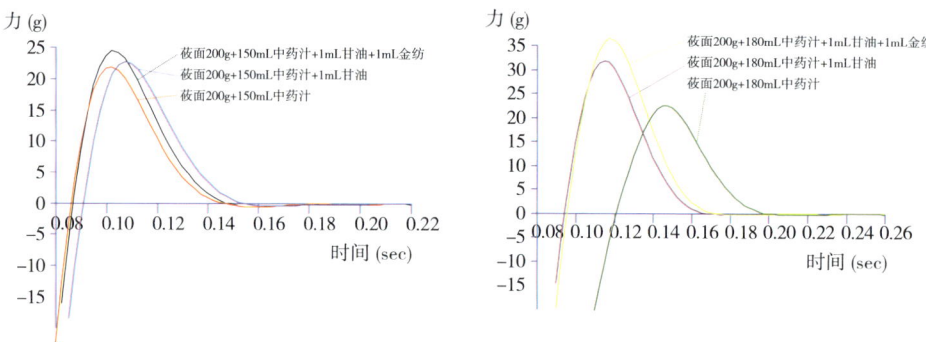

图 10-2　不同原料不同浓度黏附性曲线对比

（a. 面粉 100mL　b. 面粉 120mL　c. 莜面 150mL　d. 莜面 180mL）

2.1.1　不同比例混合粉对面团黏性的影响

将莜面粉和小麦面粉混合的总质量固定为 200g，改变两种粉的质量混合比例（纯莜面粉 3∶1、1∶1、1∶3），中药汁体积为 150mL，分别做成不同种类面团。每种面团分成 3 份，一份原面团，第二份加入 1mL 甘油，第三份加入 1mL 甘油 +1mL 金纺，然后在物性仪上测试其黏附参数，结果见表 9-3。同一种面团，随着添加剂的加入，最大黏度、黏附性和黏丝距离都在增加。面团中随着小麦面粉质量增加、莜面粉减少，所有参数数值都在增加。与纯莜面粉参数相比，当莜面粉和小麦面粉以质量比为 3∶1 混合时，最大黏度、黏附性和黏丝距离有所增加，能相对比较彻底地去除灰尘，但又不会粘在被测物上，蛋白质和脂肪含量相对较高，发挥莜面的特点，加入小麦面粉后又能降低成本，是一种相对较好的去尘剂。

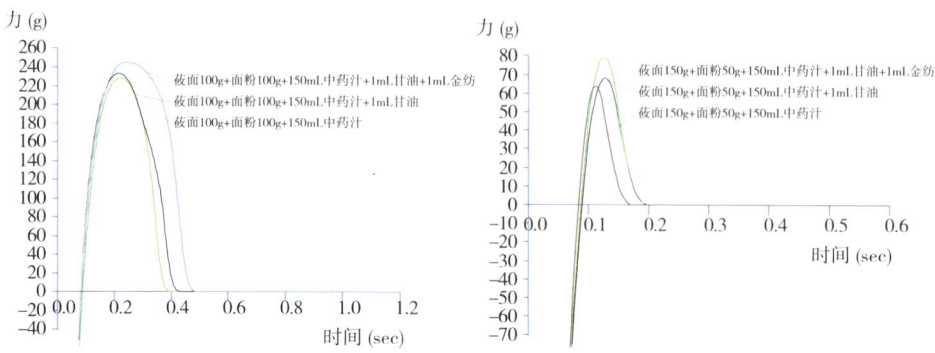

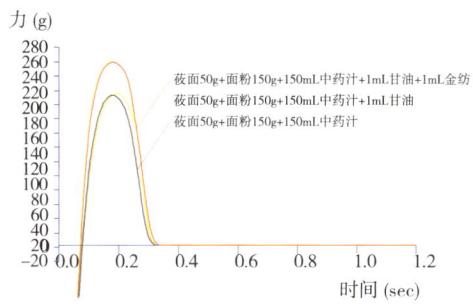

图 10-3　不同比例混合面团的黏附性曲线

表 9-3　不同比例混合面团的黏附力参数

质量比 (莜面:面粉)	添加剂			原面团			1mL 甘油 + 1mL 金纺		
	最大 黏度/g	黏附性/ g. sec	黏丝 距离/mm	最大 黏度/g	黏附性/ g. sec	黏丝 距离/mm	最大 黏度/g	黏附性/ g. sec	黏丝 距离/mm
纯莜面	23.29	0.70	0.63	24.91	0.79	0.65	26.08	0.82	0.65
3:1	69.68	3.23	0.93	72.16	3.82	1.13	80.86	4.98	1.22
1:1	211.39	43.51	3.88	229.83	49.08	3.94	258.79	111.03	6.93
1:3	291.03	192.06	13.75	317.35	310.30	18.19	322.1	278.86	22.26

2.2　菌落计数结果

表 9-4 为不同种类面团擦拭过被测物表面后放置 3 个月待沉降后检测灰尘中微生物数量的结果。PDA 对应的是霉菌个数，PCA 代表细菌个数。样品 1、2、3 是用中草药原液制成的面团，4、5 分别是中草药稀释 1/2、1/4 后制成的。由表 9-4 可知，稀释后的抑菌效果相对较弱。另外由表 9-4 也可以看出，PDA 和 PCA 的数量与面团的混合比例没有直接关系，但对同一种比例的面团来说，菌落数量基本是符合这样的规律，即 1mL 甘油 + 1mL 金纺 < 1mL 甘油 < 原面团。空气中的微生物会将尘埃作为载体，附着在上面。空气中悬浮的尘埃带有静电，用加有金纺的面团擦拭待处理物表面，能有效去除静电，有效抑制尘埃的降落，降落的尘埃少了，微生物的

数量也就降低了，更利于文物的除尘。

表9-4　不同面团处理后的菌落数（个/m²）

浓度配比	编号	添加剂	PDA	PCA
100g 莜面 + 100g 面粉 + 150mL 中药汁	1-1	原面团	1.6×10^5	1.2×10^5
	1-2	1mL 甘油	4×10^5	8×10^4
	1-3	1mL 甘油 + 1mL 金纺	8×10^4	4×10^4
150g 莜面 + 50g 面粉 + 150mL 中药汁	2-1	原面团	4×10^5	8×10^4
	2-2	1mL 甘油	4×10^5	4×10^4
	2-3	1mL 甘油 + 1mL 金纺	1.6×10^5	2×10^4
50g 莜面 + 150g 面粉 + 150mL 中药汁	3-1	原面团	3.32×10^5	1.2×10^5
	3-2	1mL 甘油	2.16×10^5	6×10^4
	3-3	1mL 甘油 + 1mL 金纺	1.2×10^5	1.2×10^4
100g 莜面 + 100g 面粉 + 150mL 中药汁（稀释1/2）	4-1	原面团	6.8×10^5	1.2×10^6
	4-2	1mL 甘油	4×10^5	4×10^5
	4-3	1mL 甘油 + 1mL 金纺	4×10^5	1.32×10^5
100g 莜面 + 100g 面粉 + 150mL 中药汁（稀释1/4）	5-1	原面团	4×10^5	4×10^5
	5-2	1mL 甘油	3.2×10^5	1.2×10^5
	5-3	1mL 甘油 + 1mL 金纺	2.12×10^5	1.12×10^5

3　结论

同种面团在相同条件下，浓度与黏丝距离、黏附性和最大黏度成正比，浓度增大，黏附性参数随之增加。

同浓度面团，在黏丝距离小的情况下，面团的最大黏度和黏附性越大，越符合文物除尘的目的。黏丝距离过大，面粉粘在探头上并出现拖拉现象，应用到实际除尘中，若产生拖拉现象，可能会对物品造成二次污染甚至损害物品。

在原面团中加入甘油起到保湿作用，使面团在实际使用中减少水分流失；加入金纺可以有效地减少静电，在给文物除尘的同时能做到防菌，并能有效防止灰尘的再次降落。在面团中加入甘油和金纺，面团的浓度也相应变小，最大黏度、黏附性、黏丝距离也会相应变大。

150g莜面粉+50g小麦面粉+150mL中药汁面团更符合本次试验的目的，黏丝距离小，不粘物品；最大黏度不大，除尘物品上残留物少。对文物的除尘效果最好。

中草药花椒、黄檗都具有抑虫、驱虫的功效，在面团中加入其有效成分，在除尘的同时能有效预防微生物等虫害的侵蚀。莜面自身含有丰富的脂肪，除尘能力强而不易粘到被测物，但其蛋白含量高，且易残留，如被粘到物体上，易成为虫害的营养源；若适量加入面粉，一方面降低成本，另一方面也降低蛋白质的相对含量，同时不影响其去除灰尘的能力。

部分附图如下：

1) 不同配方除光剂的除光效果对比

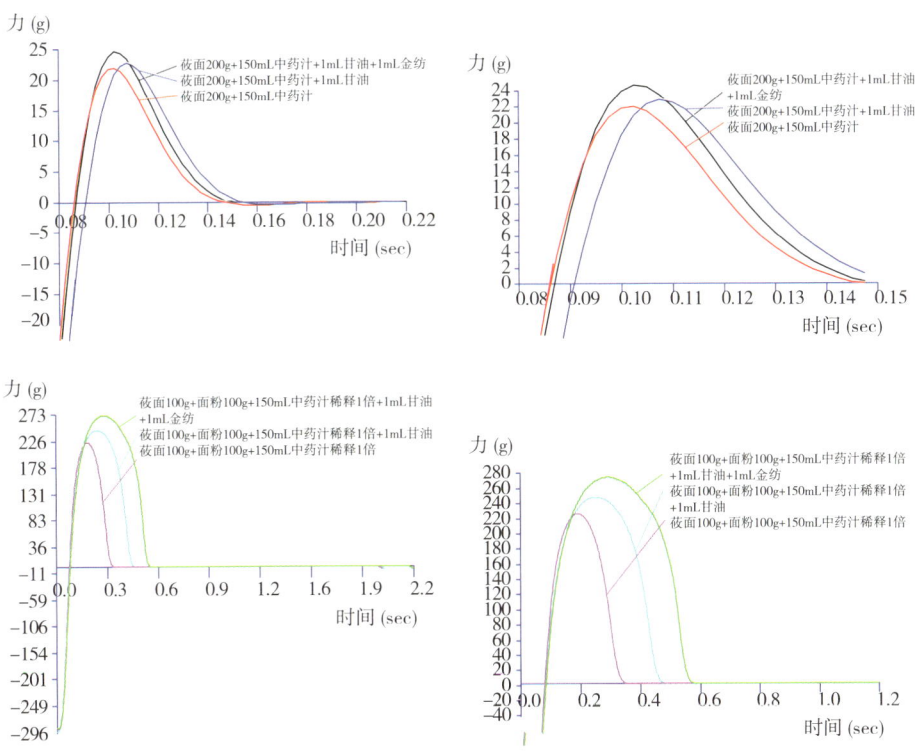

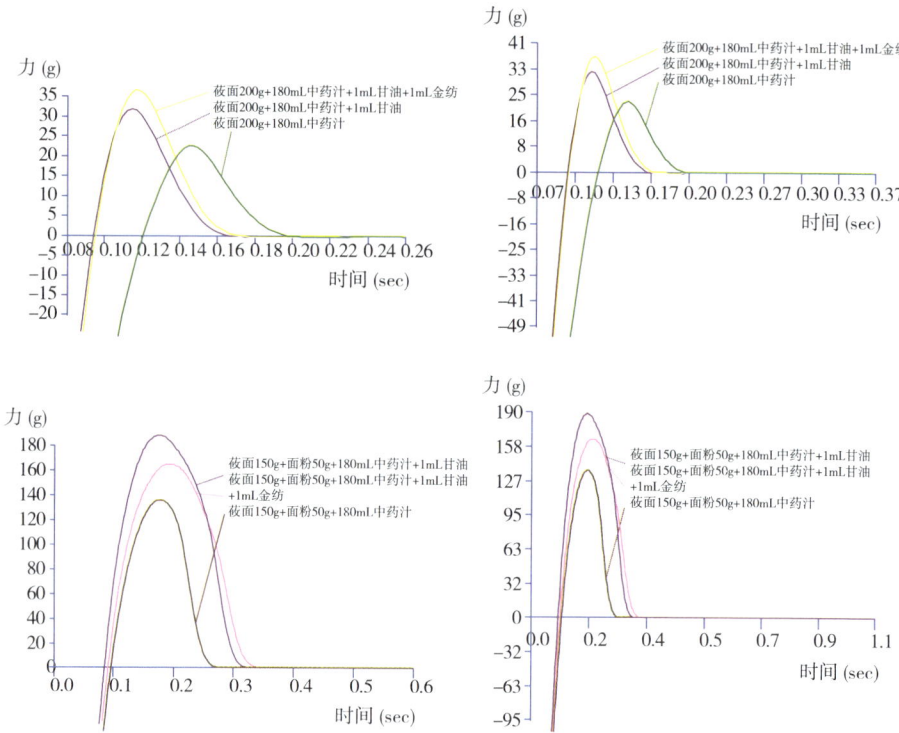

图 10-4 不同配方黏附性曲线

2）统计原菌液稀释不同浓度后真菌和细菌的菌落数（黄色为细菌，绿色为真菌）

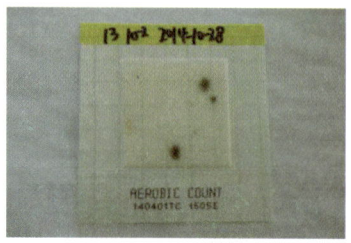 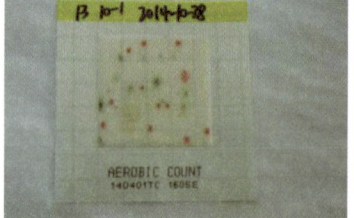

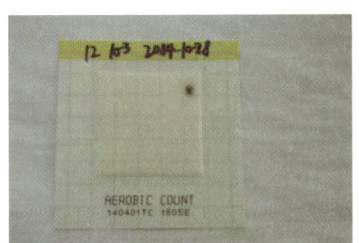
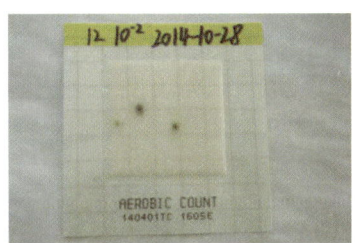

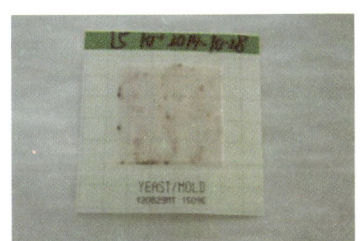
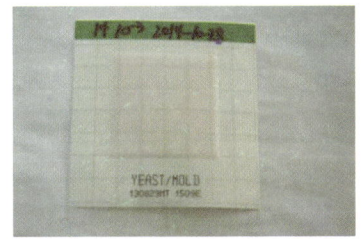
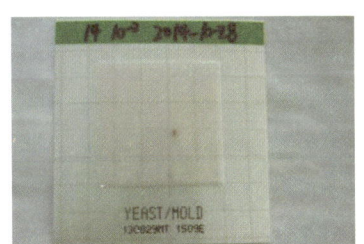
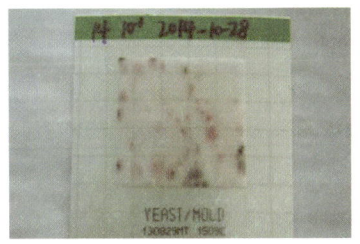
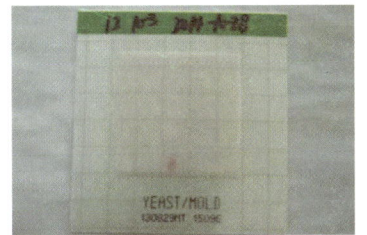
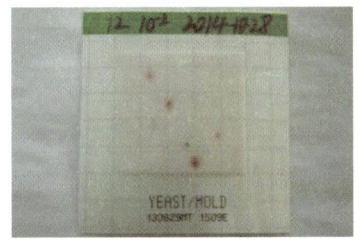

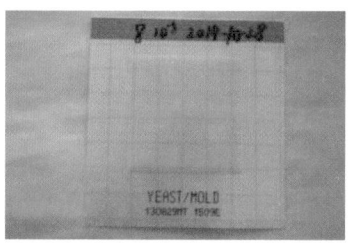
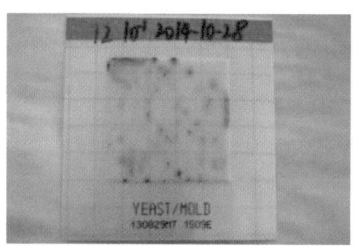
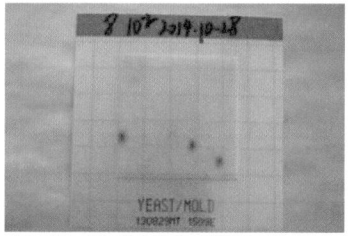
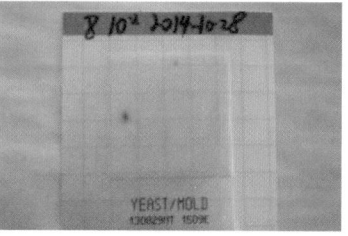
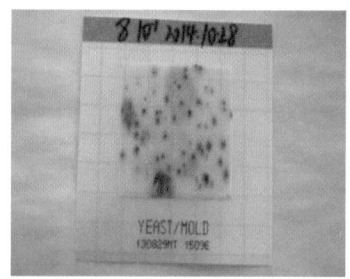
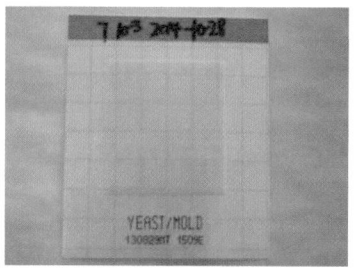
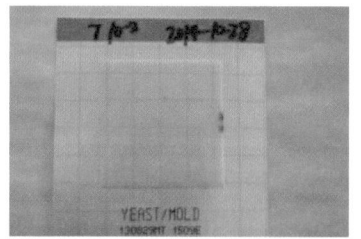
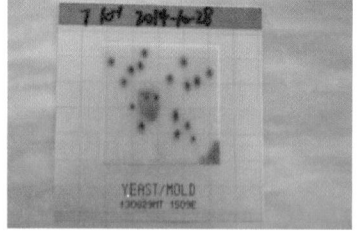
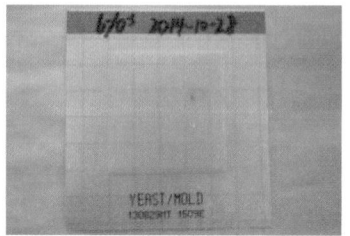
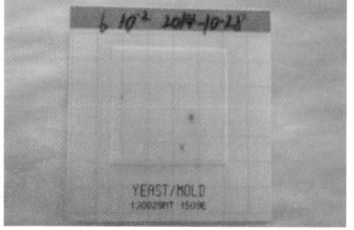

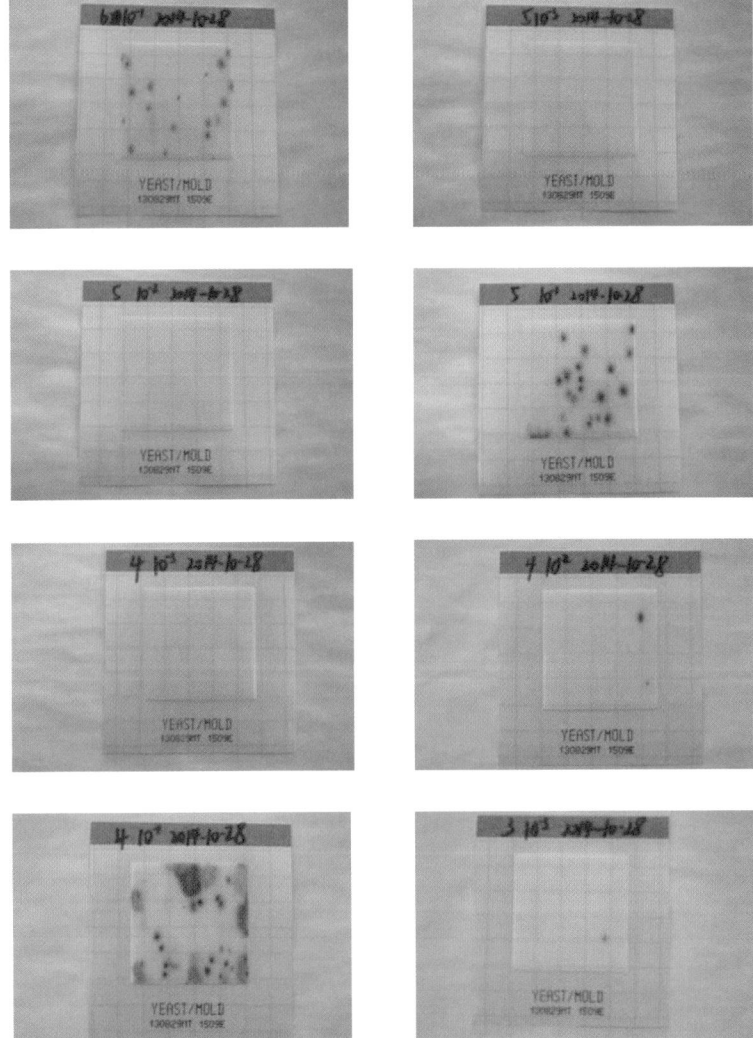

参考文献

[1] 张金萍. 文物的除尘 [J]. 中国文物保护技术协会第二届学术年会论文集, 2002, 462–465.

[2] 王允丽、曲亮. 文物除尘方法研究 [J]. 文物保护与修复纪实——第八届全国考古

与文物保护（化学）学术会议论文集，2004，378-383.

［3］张鹏，王凤成，张勇，郑学玲. 小麦面团黏度的影响因素研究［J］. 粮食与油脂，2006（6）：12-13.

［4］张华文，田纪春，刘艳玲. 小麦面团黏度与面粉主要品质指标相关性研究［J］. 中国农学通报，2005，21（2）：69-71.

［5］张鹏. 中国小麦的面团黏度影响因素研究［J］. 粮油加工，2006.

图书在版编目（CIP）数据

博物馆微生物检测与防治/武望婷著.—北京：北京燕山出版社，2016.10
 ISBN 978-7-5402-4282-4

Ⅰ.①博… Ⅱ.①武… Ⅲ.①藏品保管（博物馆）—微生物检定 Ⅳ.① G264.2

中国版本图书馆 CIP 数据核字（2016）第 253330 号

博物馆微生物检测与防治

作　　者：武望婷
责任编辑：俞　伽　朱　菁
封面设计：王群宇
内文排版：北京麦莫瑞文化传播有限公司
出版发行：北京燕山出版社有限公司
社　　址：北京市西城区陶然亭路 53 号
邮　　编：100054
电话传真：86-10-65240430（总编室）
印　　刷：北京启恒印刷有限公司
开　　本：700mm×1000mm　1/16
字　　数：122 千字
印　　张：8.5
版　　次：2016 年 10 月第 1 版
印　　次：2016 年 10 月第 1 次印刷
书　　号：ISBN 978-7-5402-4282-4
定　　价：48.00 元